말하지 않으면 알 수 없는 것들

말하지 않으면 알 수 없는 것들

김선주 지음

자유로운 상상

말하지 않으면 알 수 없는 것들

초판 1쇄 인쇄 | 2023년 1월 2일
초판 1쇄 발행 | 2023년 1월 5일

지은이 | 김선주
펴낸곳 | 자유로운상상
펴낸이 | 하광석
디자인 | 김현수(이로)

등 록 | 2002년 9월 11일(제 13-786호)
주 소 | 경기도 하남시 미사강변중앙로 204번길 11 1103호
전 화 | 02 392 1950 팩스 | 02 363 1950
이메일 | hks33@hanmail.net

ISBN 979-11-962285-8-3 (03180)

나의 영원한 치어리더였던 사랑하는 엄마와,
나를 보석으로 바라봐주고 사랑해준 남편에게
이 책을 바칩니다.

작가를 처음 만난 곳은 뉴저지의 한 교회, 막 결혼해 신혼살림을 꾸린 나는 아직 주님을 영접하지 못한 남편을 위해 교회를 찾아 헤매고 있을 때였다. 그때 만난 목사님은 복음의 열정으로 가득 찬 분이셨고 작가인 사모님은 늘 밝고 따뜻한 분이셨다. 그때의 만남은 변함없이 귀국해서 지금까지 귀한 인연으로 이어져 왔다. 그러던 중 2010년, 갑작스런 목사님의 소천 소식에, 당시 50세밖에 안 되었던 사모님을 걱정하며 함께 아파했던 기억이 생생하다. 그러나 큰 상실의 아픔을 딛고 일어서 다른 사람들을 오히려 위로와 힐링으로 변화시키시는 심리치료 상담사로 제2의 인생 챕터를 열어가시는 모습에 큰 박수를 보낸다.

요즘은 심리치료 외에도 팍팍하고 메마른 현실에 오아시스같이 필요한 서적들을 영어로 가르치는 북클럽을 운영하고 계시다.

이제 그동안 작가가 썼던 주옥같은 칼럼이 한편의 책으로 이 세상에 나오게 된다니 구독자이자 팬으로서 반가운

소식이 아닐 수 없다.

이 책 『말하지 않으면 알 수 없는 것들』은 사람의 마음을 읽고 사람의 마음을 들을 수 있게 준비해 주는 마중물이 되어 줄 것이고, 그 누군가를 공감할 수 있는 지혜가 결국 마음의 문을 열어주는 열쇠가 되어 줄 것이라 생각한다.

그 열쇠를 찾아가는 여정들의 이야기가 이 책 속에서 우리들에게 '위로와 치유' 그리고 '격려와 희망'의 선물을 선사할 것이다. 진정성을 가지고 진솔하게 풀어나가는 작가의 진심 어린 작고 큰 이야기들이 독자들에게 깊은 감동과 감명 그리고 감사로 이어질 것이며 결국 이 모든 이야기들이 남이 아닌 나의, 그리고 우리 모두의 이야기로 가깝게 공감하게 될 것이다.

한미미

〈세계 YWCA〉 부회장, 평화운동가, 〈Next Entertainment World〉 자문이사

이 책은 작가의 고백록이요 지혜서다. 난 작가가 미국 뉴저지 주에 소재한 포트리 고등학교의 교사, 나이 어린 두 아들의 엄마, 목사 남편의 사모로 치열하게 살아가던 1986년부터 알고 지냈다. 작가는 매사 열정적이고 다정하던 목사 남편의 때 이른 별세로 한동안 쉽지 않은 시간을 보내는가 했더니, 어느새 분연히 일어나 상담학을 공부하고 상담사로, 또 작가로, 북클럽 운영자로 멋지게 활동한다. 지난 몇 년간 틈틈이 쓰시고 발표하셨던 에세이를 담은 이 책은 작가가 인생의 '두 번째 산'을 넘어가며 또한 '사막'도 건널 수 있었던 비결을 보여준다. 천성적으로 밝고 솔직하며 경쾌하여 만나는 사람들을 기분 좋게 해주는 재주가 있는 작가의 글은 작가를 그대로 닮아 있다. 생활 밀착형 유머와 상담자로서의 통찰력, 북클럽 운영자의 다운 다양한 책들의 지혜가 매 페이지에서 넘쳐 나온다. 그래서 "그렇지, 그렇지" 하며 편하게 읽다가도, "아! 이건 기억해야겠네" 하며 메모지와 펜을 찾게 된다. 당신이 지금

삶의 어느 지점에 서 있든 이 책에서 나눈 작가의 통찰력
과 지혜가 도움이 될 것이다. 지난 삶을 감사함으로 정리
하고 또 언제 어디서 만날지 모를 사막을 헤쳐 나갈 수 있
는 내면의 힘을 얻을 수 있기 때문이다.

이정숙

전, 〈햇불트리니티신학대학원대학교〉 총장

봄, 그러나 겨울
같이 혹독했던…

82년 봄 4월 8일, 전전날 내린 9.6인치의 눈으로 뉴욕은 한겨울이었다. 뉴욕 양키즈 시즌을 여는 텍사스 레인저스와의 경기가 취소될 정도로 4월의 눈으로는 미국 역사상 세 번째 큰 눈이었다. 뉴욕 상공을 한동안 선회하던 비행기가 간신히 착륙을 했다. 마중 나오신 엄마의 손에 들려진 겨울 코트가 참으로 반가웠던, 춥기만 한 뉴욕에서의 첫 출발이었다.

신혼 5개월의 아내를 미국에 보내 놓고, 남편은 매일같이 편지를 써서 일주일에 한 번씩 보내주었다. 몸은 떨어져 있어도 부부가 혼자 생각하고 결정하는 습관이 들면 안 된다며, 자세한 일상과 함께 전해주는 파란 국제우편 봉투 안 사랑의 고백은, 춥고 쓸쓸했던 뉴욕의 첫 시즌을 견디게 해 준 한 잔의 따뜻한 커피였다.

아이들이 졸졸 따라다녀 별명이 줄줄이 사탕이었다. 일 년 남짓 근무하던 중학교를 떠나오던 날, 한껏 고개를 내밀고 창밖으로 "선생니임!"을 부르는 아이들을 뒤로하고 비 오는 운동장을 걸어 나오다 배웅해 주던 선생님 우산 속에서 결국 울어버렸다. 아이들을 가르치는 것이 직업으로 여겨지지 않았던, 그래서 월급날이면 나 하고 싶은 일 하고 거저 받는 용돈 같아 고맙고 미안했던 초년 교사였다.

미국에서의 첫 일은 가방공장이었다. 가죽을 풀로 붙여 힘껏 누르다 보면 가장자리에 손이 베기가 다반사였다. 그 손으로 맨하탄 한복판에서 햄버거를 먹으며 시작된 첫 직장은 곧 포기해야 했다. 마침 한국계 의류 회사에 취직이 되었다. 옷 배달 문제가 생기면 UPS라는 배달회사와 연락

해 해결하는 일을 주로 담당했는데, 맡은 일을 끝내는 데
는 종일이 필요하지 않았다. 일만 마쳐놓고 매일 파일 룸
에 들어가 라디오 토크쇼 방송을 들었다. 천천히 일하면
서 책상에 붙어 있으라는 직장 선배들의 충고가 귀에 들어
오지 않은 것은 영어에 대한 갈증 때문이었다. 영어교육을
전공했어도 이곳의 영어는 생각보다 생소했다. 대화가 많
이 나오는 청소년 도서를 계속 읽고, 심지어 길거리 간판
들까지도 내겐 영어 공부 재료였다.

뉴욕에서의 첫 겨울, 회사가 미국인 직원을 고용하면서
해고를 통보했다. 여름에 남편을 초청하러 나갔을 때 생긴
첫 아이 임신을 막 알게 되었을 때였다. 막상 해고라는 것
을 당해보니 막막했다. 남편도 들어오기 전이고, 일은 해야
겠기에 이번에는 친지를 따라 봉제공장에 가 보았다. 재봉
틀을 밟으며 옷을 만드는 일이 오히려 마음이 편했다. 그
일에 익숙해지면서 몸도 점점 무거워갔다.

83년 6월, 남편이 미국에 도착했다. 첫아들이 40일 되었
을 때였다. 아이를 눕혀 놓고 집에서 봉제 일을 돕고 있는

나를 남편은 매우 답답해했다. 그렇게 좋아하는 교사 일을 왜 안 하냐는 것이었다. 미국에서 학교를 하루도 안 다녔는데 어떻게 교사를 하냐며 어이없어하는 나를 매일같이 남편은 설득했다. 시험이라도 쳐보고 안되면 대학원에 가서 더 공부 하라고. 결국 남편에게 등을 떠밀려 브루클린에 있는 뉴욕시 교육위원회를 찾았다. 한국 교육이 미국 교사 자격증 받는데 인정되지 않기만을 간절히 기도했다. 하지만 이럴 수가. 내가 이수한 과목들이 다 인정되고 시험 날짜까지 바로 잡혀버렸다.

"명랑 친절하나 소심함," 이 말이 생활기록부에서 빠져본 적이 없는 이 소심이가 도살장에 끌려가는 소처럼 시험장에 들어간다. 에세이는 쉽게 쓴다. 문제는 인터뷰다. 며칠 전 들어간 옷 가게에서 사람들이 내 '스커트' 발음을 알아듣지 못해 애를 먹었던 기억이 이렇게 생생한데, 영어로 인터뷰라니. 시험관이 4학년 아이들에게 지도를 어떻게 가르칠지 15분간 생각해보라고 한다. 초등학교는 가르켜본 적도 없다. '아이 해브 노 아이디어'. 머릿속을 감도는 것은 이 네 단어뿐이다. 1분 밖에 안 지난 것 같은데 들어오란다. 괴물처럼 나를 잡아먹을 듯이 노려보고 있는 책상 위

의 마이크를 향해 나의 최선의 영어를 던진다. 먼저 동서
남북 방향을 가르칠 거야. 그리고나서 학교에서 자기 집
까지 지도를 그려보게 하면 어떨까. 그럼, 빨리 끝난 아이
와 늦게 하는 아이들이 있으면 어쩔래, 시험관이 묻는다.
먼저 끝난 아이보고 아직 못 끝난 아이를 도와주라고 하
면 안 될까? 뭔가 대답을 하고 있는 내가 신기하다. 집으
로 가는 차 안, 폭풍 눈물이 터진다. 버벅거리던 나의 영
어가 너무 부끄럽고 비참해서 버스 창문에 머리를 짓찧는
다. 이 수모를 겪게 한 남편, 절대 용서하지 않겠어.

　뜻밖에도 결과는 합격이었다. 미국에서도 교사를 하게
되다니. 믿고 등을 떠밀어 준 무한 긍정의 남편이 이제는
너무나 고마웠다. 집안이 최고로 힘들 때 엄청난 이자를
감수하고 돈을 빌려 입학금을 내주신 부모님, 감사합니
다. 나를 해고해 준 그 회사까지도 한없이 사랑스러웠다.
이렇게 해서 이민 1세로는 뉴욕에서는 가장 초창기의 한
인 교사가 되었다.

여름, 뜨거웠지만
시원했던…

"오늘날 우리에게 일용할 '영어'를 주옵시고"라고 기도하며 나날을 시작했다. 첫날, 준비해 간 각본대로 수업을 무사히 마치고 나니 자신감이 생기기 시작했다. 그 좋아하는 영어를 가르치면서 용돈 같은 월급을 받는 일이 다시 시작되었다. 비교적 안전한 학교라는데도, 창밖에는 갱단에게 폭행당하는 애들이 보였고, 학생 칼에 찔린 교사도 있었고, 그래서 늘 문을 잠그고 수업을 해야 했다. 89년 1월에 뉴저지 포트리 고등학교로 옮기고 나서야 미국 고등학교의 진수를 느낄 수 있었다. 여유로운 교육 환경에서 연극, 악기, 운동 등 다양한 활동을 하며 고등학교 시절을 즐기다 대학에 가는 아이들을 보면서, 한국에서 오직 공부만 하는 아이들 생각에 가슴이 아팠던 기억이 난다. 남편도 뉴저지 서부에서 섬기던 교회를 떠나 이쪽에 교회를 막 개척했을 때였다. 두 아이를 기르며, 미국 고등학교 교사와 이민교회 목사 사모로 치열하게 살아내야 할 이민의 여름 시즌이 시작되었다.

늘 시간이 모자랐다. 새벽기도로 시작한 하루는 종종 밤 늦게 교우를 심방하고 돌아와야 끝이 났다. 돌아와 이미 잠들어있는 아이들 얼굴을 바라보노라면, 아이들과 한 마디 대화도 못 나누고 지나가 버린 하루가 서러워 눈물이 났다. 소심하고 예민한 내게 이민 목회는 너무도 힘들었다. 몸이 피곤한 것은 상관없었다. 바쁜 일과는 시간을 효과적으로 쓰면 감당할 수 있었다. 그러나 온 마음으로 사랑해도 이런저런 말들을 하며 교회를 떠나는 교우들로 인한 상처는, 아물만하면 다시 나를 후벼파 목회 시절 내내 날 아프게 했다. 목회가 힘들 때면, 완벽주의 남편은 집에서도 긴장을 풀지 못하고, 마치 한껏 잡아당겨 놓은 고무줄처럼 팽팽하고 예민했다. 그의 긴장을 풀어주고 웃게 해주는 것도 내 몫이었다. 내가 감당해야 할 무게가 너무 힘들게 느껴질 때면 공원에 나가 한없이 걸었다. 그렇게 걸어서 그냥 지구 밖으로까지 걸어 나가고 싶은 적도 많았던 그 어려웠던 날들.

그렇다고 이민의 여름이 늘 뜨겁고 힘든 것만은 아니었다. 돌아보면 시원한 그늘 같은 순간도 많았다. 바쁜 아빠 엄마를 봐주기라도 하듯 무탈하게 잘 커 준 두 아들은, 자라면서 크고 작은 기쁨의 열매들을 아주 많이 맺어주었다. 든든한 두 그루 나무 같은 아이들 곁에서 우리는 쉼을 얻었고 많이 행복했다. 또한 우리의 마음을 알아주는 교우들과의 깊은 교제와 사랑은 고단한 이민 목회 현장에서 오아시스처럼 시원했고 위로가 되었다. 수학은 잘해도 영어로 된 용어 때문에 고생하는 학교 아이들을 위해 〈수학 용어 사전〉이라는 책을 출판한 일, 신문 칼럼과 세미나들을 통해 학부모들에게 미국 학교와 자녀 교육에 대한 도움을 주는 것도 큰 보람이었다. 남편의 집회나 선교지 방문을 위해 동행한 여러 나라에서의 즐거웠던 기억들 또한 한여름 치열한 나의 이민 시즌에서 더위를 식혀주는 진정 소나기 같은 보너스 시간이었다.

가을, 상실 그리고
성숙의 계절…

2005년 4월 1일, 평생 감기 한 번 앓아본 적 없는 남편이 대형 사고를 쳤다. 만우절 거짓말이라 믿고 싶었던 남편의 대장암 진단, 그리고 이어진 5

년간의 암 투병 기간은 내 생애 가장 깊은 안타까움과 아픔의 시기였다. 암과 싸우면서도 남편은 여전히 풀타임 목회자였다. 항암치료를 받고 와서도 수요일 저녁이면 예배를 인도했고 새벽예배도 웬만하면 직접 인도했다. 죽더라도 설교하다 쓰러져 죽겠다면서, 치료에만 전념하자는 말을 듣지 않았다. 이듬해 가을 완치 판정을 받고 결혼 25주년을 기념했던 기쁨도 잠깐, 다음 해 폐로 결국엔 뇌와 뼈로 전이되면서, 2010년 5월 거짓말처럼 남편은 내 곁을 떠났다. 그냥 한국에 부흥회 인도하러 나갔다고 생각해, 떠나기 전 남편은 많이 미안해했다. 다른 여자들이 평생을 남편과 살면서 받을 사랑보다 훨씬 더 많은 사랑을 난 이미 당신한테 받았는걸요, 내 진심 어린 말에 남편은 안도했고 기뻐했다.

심하게 가을을 앓았다. 방학 내내 한국에 나가 있다 돌아와 개학한 9월 초, 수업이 끝난 두시 반, 해가 중천에 떠 있는 파킹장에서 내 마음은 늘 갈 길을 잃었다. 처음으로 주어진 혼자만의 시간이 낯선 손님처럼 생소하고 부담스러웠다. 교회 창립기념일과 내 생일, 그리고 결혼기념일이 일주일 안에 다 들어있는 10월 말에서 11월 초는 최악이었다. 먹고 일주일간 깨어나지 않는 약이라도 있으면 먹고 자고 싶었다. 가족과 교우들이 걱정할까 봐 겉으로는 씩씩한 척 웃어도, 늘 눈 바로 밑까지 눈물이 출렁거리다 톡 치면 쏟아져 나왔다.

그 겨울, 감기가 두 달을 갔다. 오후부터는 몸이 너무 아파 책상에 엎드려 수업을 간신히 마치고는 집에 와 쓰러져 자는 날의 연속이었다. 의과대학원에 다니던 둘째가 이런 나의 모습을 보고 우울증 같다고 했다. 아빠의 무한 긍정이 다운로드 된 엄마가 우울증이라니. 아들아, 그리고 우울증이면 왜 몸이 아픈 건데. 우울증도 몸을 아프게 한다는 아들의 말이 사실이었다. 우울증이 맞았다.

벗어나려면 무언가 해야 했다. 남편 장례식 날 점심 식사 자리부터 시작해 만나는 사람마다 상담을 공부해보라고 하던 것이 문득 생각났다. 아이는 영어로 부모는 한국어로 상담해야 할 경우가 많고, 심지어 2세 부부들에게도, 이중언어가 가능하고 이중문화를 이해하는 나 같은 상담가가 절실히 필요하다는 사람들의 말에, 주립 럿거스대 사회복지 대학원에 입학했다. 이삼십대 학생들 틈에서 청바

지에 롱부츠는 신었어도, 돋보기를 안 쓰면 글씨가 안보였다. 강의 들으러 가기, 책 읽기, 페이퍼 쓰기, 이 세 가지가 나에게는 우울증 처방이자 특효약이었다. 학교 일과 공부로 바쁘다 보니 슬픔과 자기 연민에 빠져 허우적거리는 시간도 자연히 줄어들었다.

상담은 그동안의 어떤 공부와도 달랐다. 평생을 온실에서 살다가 두꺼운 알을 깨고 나오는 기분, 진짜 세상 속으로 첫발을 디디는 기분이었다. 그동안 못 보고 몰랐던 사람들의 사는 모습들이 보이기 시작했다. 마술에 걸린 듯 공부 속으로 빨려들었다. 3년 전 공부를 마치고 시험을 쳐서 라이센스를 받았다. 미국에서는 상담치료사를 '쉬링크'라고도 부른다. 줄인다는 뜻이다. 한 아이, 한 사람의 고통의 무게를 조금이나마 가볍게 해주고, 자기 힘으로 일어나도록 도와주는 일은 내게 다시 살아갈 의미를 부여해준다. 사모로, 교사로 살았기에 내게는 매우 익숙한 이 일, 사람 사는 거 도와주는 일을 하고 돈을 받다니, 다시 나는 미안해하며 이 길을 간다.

가을은 열매의 계절이라지만, 내 이민의 가을 계절은 반대로 큰 상실을 가져왔다, 하지만 다시 행복이란 없을 것 같던 어두운 시간들을 통과하니, 비로소 이 시즌이 허락한 성숙이라는 열매가 보이기 시작했다. 지금, 내가 겪어낸 상실과 상처는 다른 사람들을 돕는 귀한 약재료가 되고 있다. 힘든 시간을 비틀대며 살아 보니 어떤 약함도 이해 못할 일이 없다.

D-33. 마주치는 동료들도 함께 세어주는 이 날짜. 이제 서른 세번만 더 학교에 가면 내 삶의 정확히 절반인 29년을 ESL 교사로 근무했던 포트리 고등학교를 은퇴한다. 그리고 상담치료사로 제2의 인생을 준비하는 뉴욕의 올가을은 유난히 따뜻하고 넉넉하다.

봄 같은 겨울을
기다리며…

　　　　　　　이 겨울, 나는 그리도 사랑했던 교직을 떠난다. 그리고 나의 다음 시즌을 향해 출발한다. 아직도 내 마음을 맴돌고 있는 아픈 기억들을 떨쳐버리고자 과거에게 편지를 쓴다. 과거야, 난 이제 너랑 헤어질 거야. 더 이상 너와 아침을 먹고 점심도 먹고 그러지 않을 거야. 이제부터 난 아직 시작되지 않은, 앞으로 펼쳐져 갈 나의 미래와 데이트를 할 거야.

돌아보면 봄이라고 늘 따뜻한 것은 아니었고, 여름이라 해서 하루하루가 뜨겁기만 하지도 않았으며, 가을이라 해서 상실만 있었던 건 아니었다. 사모를 졸업하니 어렵던 교우들이 가까운 친구가 되었다. 남편이 떠난 집에서, 아직도 김치찌개를 끓여놓고 기다리시는 93세 친정어머니의 노년을 동행할 수 있는 것도 큰 축복이리라. 이제 시작하는 풀타임 상담가의 길도 남편이 주고 간 큰 선물임을 이제는 안다.

남편의 열정을 빼다 박은, 아빠의 영어 버전인 큰아들은 아빠가 개척한 교회에서 영어권 목사로 열심히 2세들을 목회하고 있다. 아빠와 할머니를 일 년 사이에 보내드리고, 늘 다섯이던 우리 식구가 셋이 되었다며 쓸쓸해 하던 둘째는, 형을 제치고 3년 전 결혼하여 내게 사랑스러운 며느리를 안겨주더니 내년 봄엔 첫 손주까지 선물해 다시 우리 가족을 다섯 명으로 만들어 줄 예정이다.

지금 내 페이스북에는 얼마 전 우연히 발견한 다음 글이 올려져 있다. "100년 후, 내 은행 잔고가 얼마였는지, 내가 어떤 집에 살았었는지, 어떤 차를 몰고 다녔는지는 아무에게도 중요하지 않을 것이다. 하지만 내가 어떤 아이의 삶에 중요한 존재였음으로 인해 이 세상은 아마 달라져 있을지도 모른다." 한 번에 한 아이씩, 한 마음씩 어루만지기 위해 오늘도 집을 나서는 나는 행복한, 상처 입은 치유자다.

Chapter 1

힘들고 고독한 길을
걷는 당신에게

동메달이 은메달보다 행복한 이유

메드벡(Medvec)이라는 심리학
자가 1992년 NBC 방송의 바르셀로나 올림픽 중계 자료를
가지고 한 유명한 연구가 있다. 1995년 미 심리학회 매거
진에 발표된 이 연구는, 메달이 확정되는 순간과 시상대에
서 보인 은메달과 동메달을 딴 선수들의 표정을 비교했다.
그 결과 3위인 동메달 수상자들이 2위인 은메달 수상자들
보다 훨씬 행복한 표정을 지은 것으로 나타났다.

즉, 순위가 확정된 순간, 표정으로 분석된 은메달 선수
들의 평균 행복 지수는 4.8에 불과했으나, 동메달 선수들
은 7.1이라는 높은 수치를 보였다. 시상대에서도 동메달
수상자는 5.7의 행복 지수를 보였으나, 은메달 수상자는

4.3에 그쳤다. 당연히, 은메달은 동메달보다 우월하다. 하지만 은메달을 딴 선수는 금메달 딴 선수를 보며 실망하고 아쉬워했지만, 동메달을 딴 선수들은 동메달이라도 딴 것에 대해 기뻐할 수 있었다. 비교의 방향성 때문이다.

비교에는 상향 비교와 하향 비교, 두 가지가 있다. 비교하는 것은 모든 인간의 본성인데, 어느 것과 비교하느냐하는, 기대치의 방향에 따라 우릴 불행하게 하기도 하고 행복하게 만들기도 한다. 3퍼센트만 기대하다 5퍼센트 임금 인상을 받으면 너무 기쁘다. 기대치보다 높은 결과를 받았기 때문이다. 그러다 동료는 8퍼센트 인상을 받았다는 것을 안 순간, 행복한 기분은 싹 사라진다. 하지만 10퍼센트 인상을 기대했던 동료는 8퍼센트 인상을 받고는 실망한다. 높은 기대치 탓이다.

한 명을 빼고는 세계 최고의 기록을 세우고도, 은메달 수상자는 불행하다. 몇 초만 빨랐으면 1위가 될 수 있었던 사실이 은메달을 따고도 그를 환하게 웃지 못하게 한다. 한편, 동메달 수상자는 감격스럽고 행복하다. 한 골이나 몇 초 차이로 못 받을 수도 있었던 메달을 받게 되었기 때문이다. 결론적으로 행복감과 감사를 결정하는 것은 우리의 기대치임을 알 수 있다.

팬데믹으로 감사가 힘든 2020년 추수감사절을 맞는다. 방송만 틀면 나오는 제발 모이지 말아 달라는 부탁, 처음으로 두 아들 가족하고만 단출한 추수감사절을 보낸다. 늘 친척, 친지들과 함께하던 추수감사절에 아무도 초대하지 못하는 마음이 우울하다. 많은 사람에게 최악의 해로 기억되는 2020, 작더라도 감사와 행복감을 느껴 위기를 맞은 나와 가족의 정신건강을 돌보려면, 기대치를 낮추는 하향 비교가 답이다.

어느 티셔츠에서 발견한 엄마의 하루에 대한 방정식이다. 긍정적인 감사의 공식이 엿보인다.

"일찍 일어나야 한다 = 사랑해 줄 아기가 있다

청소를 한다 = 살아갈 안전한 집이 있다

빨래를 한다 = 입을 옷이 있다

설거지를 한다 = 먹을 음식이 있었다

식탁 밑에 떨어진 부스러기 줍는다 = 가족과 함께 식사를 했다

쇼핑하느라 피곤 = 쇼핑할 돈이 있었다

변기 청소 = 실내에 화장실이 있다

집안이 너무 시끄럽다 = 내 삶 속에 사람들이 있다

아이들이 숙제를 갖고 끝없이 묻는다 = 아이들 두뇌가 발달하
고 있다

피곤한 몸으로 눕는다 = 아직 내가 살아있다!"

　한국 뉴스에서, 알바 자리가 줄어 세 끼 먹으면 생활비
가 모자라, 한 끼나 두 끼를 삼각김밥이나 컵라면으로 때
우는 청년, 대학생들을 보니 억장이 무너진다. 살아있다는
것만으로도 매일 황홀한 아침이다. 거기에 하루 세끼 먹을
음식이 있고, 비바람을 피할 집이 있고, 나를 필요로 하는
가족과 일이 있으니, 동메달로도 행복한 감사의 계절이다.

　　　　　　　　　　　　　　말하지 않으면 알 수 없는 것들

있기, 없기?

요사이, 사람들이 더 힘들어진 건 분명하다. 멀쩡하던 사람이 공황장애가 생기고, 강박증, 우울증을 호소한다. 내가 일하는 케어플러스의 상담자 대기 명단은 길어만 간다. 이런 요즘, 계속 감사에 대해 생각하게 된다. 행복감과 안정감을 주어 우울과 불안을 줄여주는 세로토닌 활성화에, 감사보다 더 좋은 약은 없기 때문이다. 아무리 노력해도 감사가 어렵다면, "비교"를 처방한다.

내가 아주 좋아하는 분 중에 법륜 스님이 있다. 삶의 자세와 인간관계에 관한 이분의 지혜가 보통이 아니다. 완전

인지행동치료를 하신다. 유머도 있으셔서 이분의 즉문즉설을 한동안 차에서 들으며 다녔다. 한 번은 감사의 기준에 대해 이런 이야기를 하셨다.

아들이 전교 일등을 놓쳤다고 속상해하는 엄마가 있다. 그 엄마에게 다른 엄마가, 자기는 애가 꼴등만 면하면 소원이 없겠다고 한다. 다른 엄마는 애가 매일 집에서 게임만 한다며, 꼴등이라도 학교만 갔으면 좋겠다고 탄식이다. 또 다른 엄마는, 학교는 안 가도 집에 있으니 얼마나 감사하냐며, 자기 아이는 소년원에 있다고 한탄한다. 그러자 다른 엄마가 소년원에 있어도 건강하니 감사하지 않냐고, 우리 아이는 지금 병원에 있다며 운다. 그때, 마지막 엄마가 하는 말, 여러분은 그래도 아이가 살아 있잖아요. 우리 아이는 몇 년 전 세상을 떠났답니다. 갑자기, 우리 아이가 문제아가 되어있지 않은 것만으로도, 아프지 않은 것만으로도, 아니 살아있는 것만으로도 모든 엄마가 감사해진다.

사람들이 글쎄, 난 힘든 일이 별로 없는 줄 안다. 매일 이리 생글생글 웃고 다니니. 남편 빼고 다 있는 사람이 뭐가 힘드냐고 타박을 주기까지 한다. 근데 나, 힘들 때 많았고,

지금도 있다! 대학원 상담 공부 첫 학기 마치고 나오던 밤, 여보, 나 이번 학기 끝났어 이렇게 전화하면, 와우, 당신 수고했네, 고생했어, 이렇게 받아줄 남편이 없다는 사실에, 전화기를 든 채 멍하니 서 있던 강의실 밖 가로등 빛은 왜 그리도 서러웠던지. 비행기에서 가방도 좀 척 얹어주고 맘 편히 함께 여행 다닐 남편이 없어, 키도 안 큰 내가 낑낑대며 올릴 때, 이런 거 나 짜증 제대로 났었다.

그런데 요즘 우리 아이가 달라 졌어요 가 아니라, 내가 좀 달라졌다. 비교라는 약을 나에게 처방하면서부터다. 대상은 남편이다. 좀 어이가 없긴 하다. 세상에도 없는 사람과 뭔 비교를. 그런데 또 가슴이 스멀 스멀 불행해지려 하던 어느 날, 갑자기 이런 생각이 든 것이다. 생각해 봐. 물론 그는 이사 간 천국에서 참으로 행복하겠지. 그래도 이 세상에서 할 수 있는 일들은 못 하잖아. 이리도 보들보들한 손주 아가들 볼에 키스하는 것도, 꼬~옥 안아주는 것도, 깊어가는 가을 햇살 아래 친구와 커피 한 잔을 나누는 것도, 맛있게 끓여진 김치찌개 뚜껑을 여는 것도, 너만이 하고 있잖아. 이 모든 행복이 덤으로 느껴진 순간 남편에게 미안하면서, 이렇게 살아 있는 것만으로도 그냥 감사해졌다.

앗, 지금 남편이 뭐라고 한다. 흐음, 미안해하지 않아도 되는데! 여기가 얼마나 좋은 곳인지 몰라서 그래. 나 지금 아주 무지 행복함. 그리고 나 원래 커피, 김치찌개, 이런 거 별로 안 좋아함, 하하하.

감사할 거 있기, 없기? 생각하기 나름이다. 제로와 비교하면 아무리 작은 것도 크다. 없는 것과 비교하면 있는 모든 것이 플러스다. 감사를 가능케 하는 인생의 부등식이다.

말하지 않으면 알 수 없는 것들

90대 10

　　살수록 '태도'라는 것이 우리 인생에 얼마나 큰 영향을 끼치는지를 알게 된다. 태도(Attitude)는 사실(Facts)보다도 훨씬 더 중요하다. 우리의 과거나 받은 교육, 돈이나 환경, 성공이나 실패, 혹은 누가 우리를 어떻게 생각하고 말하느냐보다도 더 중요한 것이 바로 태도이다. 태도는 우리 외모나 재능, 기술보다도 더 중요하다.

The longer I live, the more I realize the impact of attitude on life. Attitude, to me, is more important than facts. It is more important than the past, than education, than money, than circumstances, than failures, than successes, than what other people think, say or do. It is more important than appearance, giftedness or skill.

한 회사나 교회나 가정을 세울 수도 있고 무너뜨릴 수도 있는 것이 바로 이 태도이다. 중요한 것은, 하루하루를 어떤 태도로 살아갈 것인지 결정권이 바로 우리 자신에게 있다는 것이다. 우리에게 이미 일어난 일들은 바꿀 수 없다. 다른 사람들의 행동을 바꿀 수도 없고, 어떤 불가항력적인 일들이 생기는 것도 우리 힘으로 어쩔 수 없다. 하지만 우리가 할 수 있는 일이 한 가지 있는데, 우리에게 남겨진 하나의 줄(string)을 가지고 연주하는 것이다. 그 줄이 바로 우리의 태도이다.

It will make or break a company... a church... a home. The remarkable thing is we have a choice every day regarding the attitude we embrace for that day. We cannot change our past... we cannot change the fact that people will act in a certain way. We cannot change the inevitable. The only thing we can do is play the one string we have, and that is our attitude...

지금까지 일어난, 그리고 지금 일어나고 있는 일들은 우리 인생에서 단지 10퍼센트에 지나지 않는다고 나는 생각한다. 나머지 90퍼센트는 우리가 그 일들에 어떻게 반응하며 살고 있는가 하는 것이다. 즉 우리의 태도(Attitude)와 반응(Reaction)이 삶의 90퍼센트를 결정짓는다. 그리고 이 태도를 결정하는 것은 바로 우리 자신이다

I am convinced that life is 10% what happens to me and 90% how I react to it. And so it is with you… we are in charge of our Attitudes"

교직에 있을 때 좋은 구절들(Food for Thoughts)을 자주 소개하며, 영어 공부에 도움이 되니 외우라고 유혹하며 엑스트라 점수를 주곤 했다. 태도(Attitude)에 관한 찰스 스윈들 목사님의 이 구절은 좀 길어서 엄청난 점수로 유혹을 해야 했다. 지금 내가 인도하는 북클럽 멤버들에게도 이 구절을 강추했다. 내게 일어난 일들은 겨우 10퍼센트, 나머지 90퍼센트는 내가 어떤 태도로 반응하느냐에 달렸다는 사실은, 살다가 힘들면 자동으로 삐딱해지고 삐지는 내 마음을 확 바로잡아 주는 나침반이 되어준다.

정확히 20년 전 뉴욕에서 9/11 사태로 희생된 2,977명의 이름이 몇 시간째 낭독되고 있는 토요일 아침이다. 바이올린 선율을 배경으로 불려지는 이름들이 너무 가슴 아파 차라리 화면을 끈다. 생각해 보면 우리도 살면서 여러 가지 테러를 만난다. 어린아이들이 불의의 사고로 부모를 잃어 가슴에 구멍이 난 채 어른이 되고, 끝까지 함께할 줄 알았던 가족이 마치 소풍을 마치고 돌아가듯 휘 떠나고 나면, 남은 이들은 트럭에 치인 듯 테러를 당한 듯 상실을 앓는다.

살다가 힘든 일을 만나지만, 이것이 삶의 10퍼센트에 지나지 않는다는 이 말은 그래서 참 위로가 된다. 힘든 중에 최선의 삶을 살아온 결과가 나머지 90퍼센트를 결정지어 준다는 것이 그래서 참 감사하다. 불행을 10퍼센트로 여기고, 희망과 긍정의 태도로 90퍼센트를 채우기를 선택할 수 있는 것이 인생이어서, 그래도 인생은 참 살만 하지 않은가.

지난주 아들 가족과 캘리포니아에 휴가를 간 김에, 이전 내담자와 점심을 했다. 그곳 직장과 인간관계 때문에 매우 힘들어하고 있었기 때문이다. 헤어지기 전, 감사한 일 백 가지를 찾아 써보자고 했다. 열 가지도 아니고 백 가지? 젊은 그가 놀란다. 갑자기 눈이 반짝인다. 한 번 해보겠다고. 누가 먼저 하든 백 가지가 채워지면 연락하자고 했다. 최고의 태도는 감사이기에, 감사 리스트를 만들며 그의 힘든 일이 10퍼센트로 줄어들기를 바랐다.

살아 있음의 기적

쾅! 차가 내 의사와 전혀 상관없이 돌고 있다. 이러다 뒤집힐 것만 같아 운전대를 죽을힘을 다해 붙든다. 다행히 차는 180도를 돌아 반대 방향으로 멈추어 섰다. 화창한 일요일 오후 교회 가는 길 마지막 교차로 스톱 사인에서, 우측에 차가 하나 보였지만 거리가 충분해 건너던 중이었다.

정신을 차려보니 오른쪽 에어백 두 개가 다 터졌다. 옆자리에 탔던 아이에게 물으니 다행히 괜찮다고 한다. 충격으로 속이 메슥거리고 온몸에 힘이 빠진다. 창문 밖에서 괜찮은지 묻는 사람에게 대답도 못 하고 눈을 감고 있는데 경찰차들이 오기 시작한다. 어떻게 된 일이지. 내가 분명히

섰다가 나왔고, 그 차는 멀리 있었는데. 차가 아니라 마치 달리는 기차나 탱크에 받힌 것처럼 정신이 아득하다.

이틀 후 차가 견인된 곳에 가 자세히 보니, 오른쪽 뒷바퀴 부분이 심하게 받혀 있다. 교차로를 거의 통과했을 때 받힌 것 같다. 그러면 그 차가 내 차를 볼 시간이 있었다는 말 아닐까. 그리고 동네 길에서 어떻게 그리 세게 박을 수 있었을까. 모든 게 좀 혼란스럽다. 하지만 중요한 건, 이 사고에서 누구도 별로 다치지 않았다는 것이다. 오른쪽 앞부분을 받혔다면 같이 탔던 아이가 크게 다쳤을 텐데 뒷부분이 받힌 것도, 상대방 차 안의 아기용 카시트를 보니 그때 아기가 안 탔던 것도 감사할 뿐이다.

사고 후, 내 영어 북클럽에서 읽고 있는 『아직도 가야 할 길』 책의 제4부 "은총" 편이 생각났다. 스캇 펙 박사는, 우리 주위에 만연하고 있는 수많은 병균을 생각할 때, 더 많은 사람이 병에 안 걸리고 살아있는 것이 의학적으로 설명할 수 없는 기적이라고 한다. 예를 들어 치사율 높은 뇌막염의 원인이 되는 바이러스는 사실 아주 흔한 바이러스여서, 자기 동네의 주민을 검사해보면 95퍼센트 정도의 사람들 목 안에서 이 바이러스를 검출할 수 있을 정도라고. 하지만 지금까지 그 동네 누구도 뇌막염에 걸린 경우가 없고, 아마 앞으로도 그럴 확률은 드물 것이라는 것이다.

우리가 겪는 사고들도 그렇다고 한다. 스캇 펙 박사는 아홉 살 때 책을 가득 안고 눈길을 건너다 미끄러졌다. 그때 달려오던 차가 급정거하면서, 얼굴이 앞 범퍼 바로 아래, 몸은 양 바퀴 사이에 들어갔어도, 아무 데도 다치지 않았던 것을 회상한다. 그 외에도 사고로 형편없이 구겨진 차 안에서 아무렇지도 않게 살아나온 사람들이 얼마나 많은지. 차가 사람을 안 다치게 하려고 차체를 그 사람 몸에 맞추어 보호하는 것도 아닌데 말이다. 이런 일상 속의 기적은 은총이라는 말로밖에 설명이 안 된다는 것이 그의 말이다.

양쪽 차는 모두 폐차될 것이라고 한다. 누구의 몇 퍼센트 과실이든 보험료는 오를 것이고, 나는 운전해주는 일에서 잘릴 것이다. 작년엔 유별나게 코로나에 걸려 놀라게 하더니 이젠 차 사고냐고, 좀 조용히 살 수 없느냐는 지인들의 구박은 이미 시작되었다. 그런데 자다가 생각해봐도,

그런 사고에서 이렇게 멀쩡히 살아있는 것이 신기하고 감사하다. 더 많이 아플 수도 있는데 덜 아프고, 더 심하게 아플 수 있는데 잘 회복되는 기적, 여러 번 죽을 뻔한데도 안 죽고 살아남는 것이 정말 기적인 것 같다. 이 살아 있음의 기적과 은총을 깊이 생각해보게 된 새해 초반이다. 그나저나 스톱 사인은 당분간 피하고 싶다.

두 번째 산

데이빗 브룩스는 캐나다 출신 저자이며 뉴욕 타임스 저널리스트이다. 지난 달 출간된 『The Second Mountain: The Quest for a Moral Life』에서, 그는 자신이 진정 존경하는 사람들은 모두 두 개의 산으로 이루어진 인생을 산다고 한다.

그가 말하는 첫 번째 산은 무엇일까? 우리가 학교를 졸업하고, 직장을 시작하고, 가정을 이루면서 올라가는 산이 첫 번째 산이며 이 산에서는 명성이 중요하다고 한다. 사람들이 어떻게 생각할까, 나는 몇 등일까를 따지면서, 노력하면 스스로 행복하게 될 수 있다는 가정하에 그 첫 번째 산에서 살아간다고 한다.

그러나 그는, 우리가 살다 보면 반드시 노력만큼 결과가 오고 행복해지지 않을 수도 있다는 것을 배우게 된다고 역설한다. 즉, 성공은 했지만, 만족이 없을 때, 삶에 성공 그 이상의 무언가가 있다고 생각하게 된다. 직장을 잃거나 갑자기 스캔들에 걸리기도 한다. 산에 올라가고 있다고 생각했는데 떨어지고 있는 자신을 보게 되는 것이다. 예상치 못하게 암에 걸리거나 가족을 잃는 이들도 있다. 이럴 때, 우리에게 첫 번째 산의 승리는 별로 중요하지 않게 된다고 그는 말한다. 삶은 우리를 골짜기로 던졌고, 또한 이런 일들을 대부분 한 번쯤은 경험하게 되는 것이 바로 인생이라는 것이 그의 주장이다.

그는 첫 번째 산에서 이런 일을 만난 사람들이 두 가지로 반응하는 것을 관찰하게 되었다. 하나는 그들이 겪은 일로 인해 더 작아지고 더 겁이 많아지고 분노에 찬 인생을 살아가게 된다는 것이다. 나 역시 살다가 예상치 못하게 첫 번째 산에서 굴러떨어졌던 적이 있다. 갑자기 핵폭탄을 맞은 듯 내 인생은 폐허로 느껴졌고, 한없이 작아진 나는 두려웠고, 분노했다. 첫 번째 산만 있는 줄 알던 그 시절, 그래서 그 우울한 골짜기가 남은 내 인생의 그림이라고 생각했었다.

그러나 첫 번째 산에서 내려오게 되었을 때, 또 하나의 산을 발견하고 행복하게 살아가는 사람들도 있다는 것을 데이빗 브룩스는 보게 되었는데, 그가 존경하는 사람들이 바로 이 사람들이다. 이 두 번째 산에서 사람들은 매우 다른 삶을 살게 된다고 그는 주장한다. 자신만이 중요하던 첫 번째 산과 달리, 여기서는 관계가 가장 중요해진다. 성취로 인해 기뻐하던 삶과 달리, 두 번째 산에서는 주면서 느끼는 진정한 기쁨이 있다. 환경에 매이지 않는 고요한 내면의 기쁨이 바로 두 번째 산에서의 삶의 질을 결정한다는 것이다.

데이빗 브룩스는, 학교는 우리에게 첫 번째 산을 열심히 오르도록은 가르쳤으나, 골짜기에 빠졌을 때 어떻게 해야 두 번째 산에 오를 수 있는지는 가르친 적이 없다고 말한다. 이런 광야 경험을 통해 우리의 자아가 무너지고, 우리가 할 수 있는 유일한 일이 사랑을 "받는" 일밖에 없음을 알게 될 때, 아, 그 첫 번째 산이 내 산이 아니었다고 하면서 우리는 두 번째 산으로의 더 큰 여행을 떠날 수 있게 됨을 그는 체험하였다. 즉 다른 사람들과 사랑이라는 관계속에 살아가면서, 초월적인 대상을 섬기고, 그로 인해 거룩해지는 것이 인생의 핵심이고 커다란 목표라고 그는 자기 책에서 말하고 있다.

내가 예상 못한 광야와 골짜기에 내던져졌던 시절, 아무것도 가진 게 없고 혼자서는 아무것도 할 수 없는 갓난아기처럼, 나도 하나님이 보내주신 가족과 친지들의 사랑을 먹고 또 먹었다. 그때 할 수 있는 것은 오직 그것뿐이었기에. 그 시절을 거쳐 지금은 두 번째 산을 힘써 오르면서, 오직 앞만 보고 첫 번째 산을 열심히 오르고 있는 우리 아이들에게도 이 두 번째 산을 가르쳐주어야 한다는 생각이 든다.

첫 번째 산을 오르면서, 아이들은 힘들고 부모들은 초조하다. 좋은 성적과 명문대 입학을 위해 너무 많은 것이 희생된다. 우울증, 불안 장애, 공황 장애가 생기고 관계는 무너진다. 이 산에서 너무 많은 아이와 부모들이 조난한다. 미국 내 유명 인사들과 재력가들이 자녀의 명문대 입시를 위해 불법으로 대학에 기부하고 성적과 합격 순위를 조작한 사건들이 요즘 연일 뉴스를 채운다. 미국판 스카이캐슬이다.

그의 책에 보면, 잘 나가던 기업가가 어느 날 갑자기 그만두고 초등학교 아이들을 가르친다. 내성적이던 엄마가 아들 자살 이후, 다른 힘든 가족들을 활발히 돕는다. 유능한 은행가가 은행 일을 접고 출옥한 사람들을 돕는 일에 전념한다. 아내를 잃은 남편이, 그 상실로 인해 아내에게 미안할 정도로 커다란 성숙을 경험한다. 모두 두 번째 산을 오르는 사람들이다. 두 번째 산에서 비로소 우리는 진정한 자기가 된다. 이 산에서는 모두가 승자이다. 실직한 가장도, 공부를 접고 돌아온 아이도, 존중받고 보호받는다. 관계에서 기쁨을 누리고, 주면서 자유를 누리는 이 두 번째 산으로 아이들을 초대해야 한다. 인생에는 하나의 산만이 있는 것이 아니다.

시몬 바일즈

유일하게 세계 대회 31개 메달의 기록을 가지고 있다. 그중 19개는 금메달이다. 그것도 흑인 불모지로 여겨졌던 체조 부문에서, 지난 2016년 리우 올림픽 금메달을 네 개나 획득했다. 그녀보다 더 올림픽 메달을 많이 받은 선수는 마이클 펠프 뿐이다. 142cm의 키에 겨우 47kg의 체중을 가진 자그마한 시몬 바일즈, 그녀가 이번 도쿄 올림픽 예선에서도 거의 최고점을 받으며 전 종목 결선 진출을 확보했다. 하지만, 지난주 단체전 첫 종목에서 이상을 느끼고 다른 종목에 출전하지 않겠다고 하여 미국뿐 아니라 전 세계의 이목을 집중시켰다.

감동적이었던 것은 이번 올림픽 체조 6관왕이 예상되었

던 그녀의 용감한 결정을 대하는 여론의 분위기였다. 저스틴 비버를 비롯한 수많은 스포츠 스타나 연예인들이 지지를 표하였다. 특히 저스틴 비버는 "아무도 당신이 받는 압박감을 이해하지 못할 거야. 이것은 매우 간단한 문제다. 온 세상을 얻어도 영혼을 얻지 못한다는 것은 무엇을 의미할까. 사람들은 예전에 내가 했던 투어 중 퍼포즈 투어(Purpose Tour)를 끝내지 못한 것을 보고 미쳤다고 생각했지만, 그것은 나의 정신 건강을 위해 할 수 있는 최선의 방법이었다"고 자신의 SNS에 글을 올렸다고 한다.

특히 후원사들도 그녀의 갑작스러운 기권에 지지를 보내주었다. VISA는 "놀랍도록 용감한 그의 결정을 VISA 구성원 모두가 인정한다"며 "이 결정은 바일즈가 매트 위에서든 밖에서든 영감을 불어넣을 수 있는 사람이라는 걸 보여준다"고 지지를 보냈다. 애슬레타(Athleta)도 "우리는 대회 안팎에서 마일즈의 안녕을 응원한다. 최고가 된다는 건 자신을 돌볼 줄 안다는 것을 의미하기도 한다. 우리는 그의 리더십에 감명받았고, 모든 발걸음 뒤에 서 있을 것"이라고 성명을 냈다. 시몬의 결정에 이렇게 지지를 보내주는 분위기에 정말 마음이 따뜻해졌다.

그녀의 어린 시절은 불우했다. 알코올과 마약 중독자 엄마에게 태어나, 여기저기 위탁 가정을 전전하다 외조부모에게 입양되어 자랐다. 하지만, 완벽한 부모가 되어준 외조부모와, 어릴 때 재능을 알아보고 오늘까지 키워준 엄마 같은 코치 덕분에 시몬은 체조 여제로 등극할 수 있었다. 24세 시몬은 자신이 늘 상담받고 있으며, 주의력 결핍/과잉행동 장애 때문에 필요하면 약을 먹는 것도 떳떳이 밝혔다. 한국 연예인이나 정치인들의 안타까운 자살 소식이 들려올 때마다, 정신건강 문제를 감추고 혼자 괴로워하기보다 지속해서 상담과 치료를 받았다면 그런 일을 좀 막을 수 있지 않았을까 늘 생각했었다.

올림픽 6관왕보다 자신의 건강을 선택한 시몬 바일즈가, 마지막 경기인 평균대에서 오늘 아침 동메달을 획득하였다. 공중에서 위치 감각을 잃게 하여 체조 선수에게 슬럼프가 되는 이 '트위스티즈'를 극복하는 데는 보통 이삼 주 걸린다는데, 오늘 일주일 만에 다시 모든 동작을 아름답게 마치고 내려와 환하게 웃는 그녀를, 팬들은 모두 기립박수로 격려해주었다.

스포츠 스타나 연예인들의 정신 건강 문제가 모처럼 주

목을 받은 한 주간이었다. 전 세계의 무게가 자신을 짓누르는 듯한 압박감을 느꼈다는 시몬 바일즈는, 그 무엇보다 자신의 건강을 선택하는 용기를 보여주었다. 올림픽을 지켜보는 우리에게도, 가장 소중히 돌봐야 할 것은 바로 자신의 건강이고 정신 건강이라는 현명함을 일주일 내내 느끼게 해준 그녀에게, "자기 돌봄" 금메달을 수여하고 싶다.

그녀가 사는 법

그녀의 이름은 고사리(Fern)다. 네바다 시골 마을 석고 공장에서 남편 보우(Bo)와 함께 일했다. 부모 없이 자란 외로운 남편과의 사이에 아이도 없었지만, 둘은 사랑했고 행복했다. 그러다 남편이 암으로 세상을 떠나고, 마을을 존재케 하던 공장마저 문을 닫는다. 자기가 떠나면 거기 살던 남편의 기억이 다 사라질까 봐, 우편번호까지 사라진 인적 없는 마을에 그녀는 한동안 머문다. 떠나야만 했을 때, 그녀의 선택은 길 위의 집이었다.

그녀의 집, 캠퍼로 개조한 낡은 밴의 이름은 선구자(Vanguard)다. 그녀의 차, 그녀의 길 위의 집은 정말 선구자가 되어 그녀를 많은 길 위의 사람들에게 인도한다. 장성한 아들의 죽음을 견디러 나온 사람, 금융위기로 해고당한 후 자살하려다 반려견 때문에 마음을 돌려 함께 길로 나온 사람, 은퇴 직전 동료의 갑작스러운 죽음과 타보지도 못하고 남겨진 보트를 보며 잘 다니던 회사를 관두고 여행길에 오른 사람, 시한부 인생을 선고받고 소원이던 카약을 타다 잘 죽으려고 알래스카를 향하는 사람, 여행길에 부모를 암으로 잃고 혼자가 되어 여전히 길 위에 있는 사람, 참전 후 생긴 외상 후 스트레스 장애 때문에 나온 사람 등, 길 위에는 참으로 여러 사연의 여행자들이 있었다.

이 길 위의 사람들에게 도움을 주는 리더의 이름은 밥 웰즈(Bob Wells)다. 맞다. 올해 아카데미 작품상 등 수많은 상을 수상한 영화 노매드랜드(Nomadland) 이야기다. 밥은 28살 나이로 자살한 아들의 못다한 삶을 기리기 위해, 상처 입은 치유자로 길 위의 사람들을 돕는다. 가난하고 일반 사회에서 도태된 사람들 같지만, 그들의 선택이 치유 가득한 자연 속에서의 진정한 자유로운 삶임을 인식시키며, 밥은 그녀의 아픔을 만져준다.

말하지 않으면 알 수 없는 것들

61세 그녀, 펀(Fern)이 살아가는 법은 이름처럼 고사리
(fern)를 닮았다. 암컷 수컷 꽃가루를 통해 번식하는 다른
종자식물과 달리, 고사리는 혼자 포자(홀씨)를 만들어 터트
려 번식한다. 남편을 사랑했던 기억을, 손가락에서 도저히
뺄 수 없는 결혼반지처럼 마음에 간직하고, 살던 동네에서
의 흔적들을 정리한 후 그녀는 마침내 길 위의 삶으로 홀
로서기를 할 수 있게 된다.

그녀가 사는 법은 마지못해 내몰린 길 위에서의 삶이 아
니다. 밥의 말처럼, 그녀는 있어야 할 곳에 있었다. 아름다
운 대자연과 삶을 나누는 공동체가 그녀를 치유했다. 길
위의 삶은 험했지만 행복했다. 샌드위치를 나누어 먹고 모
닥불로 초대했다. 단기 아르바이트를 함께 하고, 타이어 고
치는 법을 가르쳐주었다. 사랑하고, 함께 웃고, 춤추었다.
이들이야말로 행복과 자유를 위해 모든 것을 버리고 떠난
진정 용감하고 자유로운 사람들이 아닐까. "난 절대 마지
막 안녕이라고 말하지 않아요. 그저, '또 봐요' 라고 하지요.
그리고 진짜 우리는 언젠가 길에서 또 만날 테니까요." 밥
의 말이 귓가를 맴돈다.

'What's remembered lives.' 마음으로 기억되는 것은 영원히 살아있다. 이 말을 한 사람은 그녀의 아버지다. 어제 저녁, 우리 집에 아이들이 모였다. 11년 전 우리 곁을 안타깝게 떠난 남편을, 아빠를, 시아버지를 기억하는 시간이었다. 어린 손주 둘은 까르르 웃으며 리빙룸에서 뛰어놀았다. 너무나 그리운 남편 그리고 아빠는, 우리 기억 속에 존재하는 한 살아있다는 말이 참으로 위로가 되는 봄날 저녁이었다.

말하지 않으면 알 수 없는 것들

더 높이 더 멀리

　　이제 날기를 배우면서, 가장 많이 아파하고, 가장 잘 견디며 열중하는 새가, 후일 더 높이 더 멀리, 그리고 더 힘차게 날 수 있다. "갈매기의 꿈" 평생 함께 날던 배우자를 잃고 축 처진 날개로 찾았던 2010년 여름의 한국, 인사동에서 우연히 만난 이 족자는, 남편 없는 세상 이제 혼자 날기를 배워야 한다는 두려움에 떨던 나의 치어리더가 되어 주었다. 또 있다. 다 잘 될 거야, 환하게 웃어봐, 어깨를 활짝 펴, 이런 행복 메시지 머그잔들도 얼른 집어 들었었다. 그해 여름 난, 나를 아주 많이 위로하고 격려하고 싶었던 것 같다.

『갈매기의 꿈』(Jonathan Livingston Seagull)의 저자 리처드 바크는 생 떽쥐베리처럼 실제 비행사 겸 작가다. 대학 시절 겁없이 가르치던 교회 중고등부 애들 설교를 위해, 이 책을 급히 읽고 써먹은 적 있다. 이후 그래, 아주 일찍 일어나 날기를 연습하는 기특한 갈매기가 있었지, 흠, 나도 일찍 일어나야지, 이 정도로만 기억하던 이 책을, 오늘 우연히 영어로 읽었다. 와우! 같은 책도 시간이 지나 다시 읽으면, 더욱이 원어로 읽으며 만나게 되는 새로운 보물들!

갈매기 조나단은 바람의 황제 알바트로스처럼 비행에 놀라운 관심이 있다. 다른 갈매기들이 먹이를 위해 어선 주위를 맴돌 때, 그는 홀로 여러 가지 비행을 시도한다. 저공비행, 고공비행, 야간비행, 날개 접기, 급강하, 공중회전 등을 배우고, 갈매기로서 불가능한 속도의 비행에 성공한다. 하지만 그 결과는 추방이었다.

다 끝났다고 생각할 때, 그는 새로운 세계로 인도되어 스승 설리번과 큰 지도자 창을 만난다. 창은 온갖 비행에

말하지 않으면 알 수 없는 것들

거의 완벽해진 조나단에게, 이제 "친절함과 사랑"의 의미를 배우라고 한다. 사랑이란 사람들의 내면의 선함을 보도록 도와주는 것이라면서. 그리고 완벽한 속도를 끝없이 추구하는 그에게, "Perfect speed, my son, is being there."라고 한다. 이것이 그저 생각하면 바로 거기에 가있게 되는 "생각 속도"라고만 알았었다. 하지만, 이번에 다른 의미가 깨달아졌다. Being there, "거기서 함께하는 것"이 바로 완벽한 속도라는 것이다. 빠른 것이 아니라, 나를 필요로 하는 그곳에 가 길벗이 되어주는 것이 완벽한 속도였다니!

창은, 한 학교가 끝나면 다른 학교가 시작된다면서, 조나단의 배움에 대한 두려움 없음(less fear of learning than any gull)을 크게 칭찬한다. 앗, 이 장면에서 갑자기 떠오르는 나의 영어 북클럽 회원들! 배울 것 다 배웠다고 마음을 닫을 법한 평균 연령 오십 대, 그리고 육십 대에도 매주 책을 읽으며 영어를 공부하고 삶을 공부하는 이분들은 정말 조나단을 닮았다. 『연금술사』 책을 마치면서, 영어 단어를 찾아보고 예습을 하며, 마치 학창시절로 돌아간 듯 신선했다는 분께, 팔구십 대에도 책을 읽는 한 우리는 영원한 학생이라고 말하며 함께 즐거워 했다. 먹이를 찾는 것에 만족하지 않고 끝없는 비상을 꿈꾸는 분들이다.

Chapter 2

팬데믹시대의
우리의 정신건강

링컨도 처칠도 오프라 윈프리도 아팠다

아홉 살 아이의 엄마가 우유를 마시고 갑자기 사망한다. 아버지는 생존을 위한 활동에 바쁘고 폭언과 폭력을 일삼는다. 학구열이 뛰어나고 책을 좋아하지만, 학교 교육은 떠돌아다니는 선생님들에게 단 일 년 정도 받았을 뿐이다. 철도 공무원, 선원, 토지 측량원, 노동자, 점원, 군인, 가게 주인, 선거원, 우체국장 등 수많은 직업을 전전한다. 결혼하려던 두 여자와 헤어지고, 첫 번째 여자는 백혈병으로 세상을 떠난다. 그 충격 때문에 26살에 신경쇠약과 정신 분열로 입원하고 평생을 만성 우울증에 시달린다.

22살에 시작한 사업은 바로 실패하고, 23살에는 주의원

선거에 낙선한다. 24세에 다시 시작한 사업이 또 실패, 17년 동안 그 빚을 갚는다. 27살에 만난 세 번째 여인에게서 우울증으로 자꾸 도망치다 간신히 결혼에 성공하나 두 아들을 잃는 비극을 겪는다. 정치적으로도 셀 수 없는 낙선을 거쳐, 51살에 드디어 대통령에 당선되지만, 당선 직후 남북전쟁이 발발한다. 하지만 이 국가의 존망이 달린 전쟁을 승리로 이끌고 노예제도를 폐지하는 위대한 일을 해내고야 만다. 미국 최고 대통령으로 손꼽히는 에이브러햄 링컨 이야기이다.

짧은 56년의 인생에 담기에는 기가 막힐 정도로 기구한 사연들이다. 역경과 실패 숫자로 치면 기네스북에 오를 정도이다. 우리 같으면 이 중 하나만으로도 평생 트라우마를 겪을 일들이다. 하지만 다행한 것은 힘든 생애에도 긍정적 요소들은 반드시 있다는 것이다. 링컨에게는 두 어머니가 그랬다. 친모와 계모 두 분이 다 링컨이 책을 많이 읽도록 도와주고, 깊은 신앙과 겸손한 인성을 가진 리더가 되도록 사랑으로 양육해주었다. 링컨이 우울증을 이겨냈던 첫 번째 방법은 믿음과 기도였다. 백악관 시절과 어려운 남북전쟁 중에도 기도로 담대히 나라가 하나 되는 역사적 과업을 이루어냈다. 두 번째는 어릴 적부터 좋아했던 독서와 시 낭송이었다. 그렇게 해서 그는 우울하지만 살아있어야 할 의지와 정치적 공인으로서의 의무감을 깨닫고, 우울증을 신앙과 신념, 유머로 승화함으로써, 정신적 문제가 없었던 다른 모든 대통령을 제치고 미국에서 가장 사랑받는 대통령으로 남게 된다.

키가 193cm 되었던 링컨과 반대로 키는 겨우 160cm 정도로 왜소했다. 보잘것없는 외모에 대한 콤플렉스가 늘 그를 따라다녔고 공부도 잘하지 못해 학교에서는 아이들에게 늘 왕따를 당했다. 대대로 정치 가문이었지만 아버지가 정치적으로 실패한 뒤 일찍 사망했다. 그가 육군사관학교에서 라틴어를 못해 고생하고 있을 당시였다. 간신히 다른 학교로 옮겨 졸업한 후 특파원으로 출전한 전쟁에서는 잡혀서 포로가 되었다. 수용소 생활을 하다가 겨우 탈출했지만 신부로 변장을 하고 돌아다니며 숨어지내야 했다. 그 어느 낙오자의 이야기가 아니다. 2차 대전 당시 나치 독일에 대항해 영국을 구해낸 윈스턴 처질 수상의 삶이었다.

그가 평생을 검은 개 한 마리와 살아왔다고 한 것은 그의 만성적 우울증을 말한 것이다. 그런 가운데서도, 그를 주인공으로 한 영화 "Darkest Hour"를 보면, 그에게는 다져진 위트와 유머 감각에서 나온 여유와 느긋함이 있다. 자신의 보잘 것 없는 신체까지 유머의 소재로 사용할 수 있었기에, 우울증에도 불구하고 어려운 시기 영국의 영웅이 될 수 있었다. 국왕 죠지 4세가 두렵지 않으냐고 물을 때, 그는 끔찍할 정도로 두렵다고 인정한다. 그러나 영화 마지막에 나오듯 "성공이 최종 목적은 아니며, 실패가 인생의 끝은 아니다. 중요한 것은 포기하지 않고 계속하는 용기이다"라고 하면서 우울증을 이겨내고 위대한 리더십을 보여주었다.

역사 속 인물들만 우울한 삶을 이겨낸 것이 아니다. 토크쇼의 여왕 오프라 윈프리는 미혼모에게 태어나 아버지도 모른 채 할머니 손에 자랐다. 9살부터 삼촌에게 성폭행 당하다가 8학년 나이인 14살에 원치 않는 아기를 가진 미혼모가 되었다. 설상가상으로 이 아기가 2주 만에 죽자 마약으로 슬픔을 이겨내면서 169cm 키에 100kg 넘게 살이 찌기도 하였다. 오프라는 어떻게 이런 혹독한 삶을 이겨냈을까? 독서와 감사 일기였다. 독서를 통해 미래를 꿈꾸고 매일 감사한 일을 기록하면서 감사하는 연습을 한 것이 오늘의 그녀를 만들었다고 고백한다. 오프라는 미국 역사상 가장 큰 영향력을 발휘한 인물 100인에 선정되기도 했다.

인생은 어렵다. 영원한 베스트셀러『아직도 가야 할 길』의 저자 스캇 펙 박사는 이렇게 책을 시작한다. 성경 욥기서에도 "인생은 고난을 위하여 났나니 불티가 위로 날음 같으니라"고 말하고 있다. 고난을 겪을 때는 누구나 우울해진다. 우울할 때 자신을 치료하는 법은, 자신을 행복하게 만들어주는 일들을 찾아서 하는 것이다. 독서, 감사일기, 유머, 산책, 운동, 음악감상, 목욕, 봉사활동, 공부, 영화, 기도, 뜨개질, 휴식, 전화, 악기, 수영, TV, 친구, 반려동물, 하이킹, 노래, 춤, 그림그리기, 글쓰기, 보드게임 등등 우울할 때 할 수 있는 일들은 아주 많이 있다. 이런 것들을 Wellness Tools, 즉 행복 도구라고 한다. 이것들로도 해결되지 않는다면, 그 때는 전문 상담가나 정신과 선생님의 도움을 받을 때이다.

걸으면 해결됩니다

　　걷는 사람들이 많아졌다. 집 근처 조그만 트레일이 하나 있는데, 전에는 숲이 어둡고 후미져 잘 안 들어갔다. 사람도 별로 없어 한낮에도 으스스했다. 그 트레일이 요즘은 종일 사람들로 바글바글하다. 동네 골목도 걷는 사람들로 넘쳐난다. 코로나 사태가 장기화하면서 헬스클럽도 닫히고 갈 곳도 없이 집에만 있다 보니, 걷는 것이 유일한 운동이 된 듯하다. 그나마 다행한 일이 아닐 수 없다.

　　세계 최대 온라인 미디어 중 하나인 허핑턴 포스트 창업자 아리아나 허핑턴은, 웰빙에 관한 그녀의 베스트셀러 "Thrive"라는 책에서 걷기의 중요성에 대해 말하면서, 기원 전 4세기 철학자 디오게네스가 한 말 "solvitur ambulando"(걷는 것이 해결한다)를 인용한다. 창업 당시 첫 투자자도 그녀와 하이킹 중에 결정됐으며, 아트 섹션을 추가하는 기발한 아이디어도 스탭과 걷는 중 나왔다고 한다. 중요한 미팅도 회의실 대신 걸으며 하는 때가 많다는 그녀는, 심지어 출산 전 진통이 왔을 때도 병원 인근 호텔에서 산파와 걸었다고 한다. 아름다운 호텔 정원과 잔디와 로비를 오가며 진통을 하다, 출산 한 시간 앞두고 병원으로 갔고, 도착 30분 만에 딸을 낳았다니 놀랍고도 기발하다.

걷기가 몸에 좋다는 것은 누구나 알고 있다. 정신 건강에도 걷기는 엄청난 유익을 준다. 우울함이나 불안 장애에 가장 많이 먹는 약이 프로잭, 졸로프트 같은 SSRI(선택적 세로토닌 재흡수 억제제) 계열 약들이다. 세로토닌은 노르에피네프린, 도파민과 함께 우리의 마음을 안정시키고 기분을 좋게 해주는 주요 신경전달 물질의 하나이다. 세로토닌이 뇌 속 신경전달 체계에 오래 머물러야 우리 마음이 늘 안정되고 행복할 수 있다. 그런데 이것이 체내에 너무 빨리 재흡수가 되는 사람들이 있다. 그러다 보니 뇌 신경전달 체계에 세로토닌이 부족하여 기질적으로 우울하거나 불안하다. 우울증이나 불안장애를 앓는 사람들을 정신력이 약하거나 의지가 박약해서 그렇다고 생각해서는 안 되는 이유다. 뇌 화학물질의 불균형 문제인 경우가 대부분으로, 치료가 필요한 하나의 질병으로 보아야 한다는 것이다.

이 행복 호르몬이라 불리는 세로토닌은 어디서 만들어질까? 100퍼센트 뇌에서 생성될 것 같지만, 사실 세로토닌의 95퍼센트는 소장에서 만들어진다. 장을 제2의 뇌라고 하는 이유가 이것이다. 우리 뇌는 물에 떠 있는 두부 같아서 가벼운 흔들림으로도 자극을 받아 활성화된다고 한다. 그렇기 때문에 걸으며 신체가 리듬을 느낄 때, 뇌가 활성화되고 세레토닌 분비가 촉진된다. 그래서 걸을 의지가 있는 사람이면 햇볕 속을 걸으면서 세로토닌을 보충하고 그외 기분을 좋게 해주는 일들을 하면서 우울증을 극복할 수 있다. 약을 안 먹어도 말이다. 그러나 집 밖으로 나올 의지

말하지 않으면 알 수 없는 것들

조차 없을 정도로 우울감이 심하다면, 약의 도움으로라도 기분을 끌어올려야 한다. 집에만 있는 것은 우울증을 더 악화시키기 때문이다.

어느 정신과 의사가 우울증이나 불안증 그리고 집중력 문제를 가진 청소년을 대상으로 실험을 했다. 이 세 가지는 내가 상담하는 분야의 대부분을 차지한다. 이 분은 이 청소년들을 두 그룹으로 나누어 한 그룹은 쇼핑몰을 매일 걷게 하고 다른 한 그룹은 하이킹을 하게 했다. 몇 달 후 어느 그룹의 정신건강이 눈에 띄게 좋아져 있었는가는 말 안해도 뻔하다. 하이킹은 정신건강을 증진시킨다. 우울이나 불안을 감소시키고 집중력 향상까지도 가져왔다고 한다.

한국의 유명한 정신과 의사 이시형 박사는 걷기가 신체뿐 아니라 뇌를 맑게 해주는 마음을 위한 운동이라고 강조한다. 그의 말에 의하면 걷기 시작 5분이면 세로토닌이 나오기 시작한다. 그는 세로토닌 걷기의 첫 단계로 가볍게 몸을 풀고, 평소보다 조금 빠르고 보폭은 넓게, 가슴을 펴고 등과 허리는 반듯하게 호흡은 세 번 내쉬고 한번 들이마시는 식을 권한다. 나는 걸으면서 다른 일들은 잊고 그 순간을 즐기면서, 시각적으로 주변의 아름다운 꽃이나 나무, 물을 감상하든지, 청각적으로 좋은 음악이나 강연을 듣기를 권하고 싶다.

요즘 오피스에서의 대면 상담이 힘들어진 후로 숲길을 걸으면서 상담을 많이 한다. 특히 요즘 밤낮이 바뀌고 집 귀신이 되어버린 틴에이져들 때문에 부모님들 고민이 이만저만이 아니다. 이 아이들을 하이킹 트레일로 불러내자. 공원으로, 집 밖으로 불러내자. 함께 걸으면 자연스럽게 대화를 나눌 수 있다. 9월에도 대면 수업이 열리지 않을 가능성이 높아가는 요즈음, 아이고 어른이고 모두의 정신건강이 매우 염려된다. 걷고 또 걸을 때이다. LA 사는 친구 남편이 요즘 매일 몇 보 걸었는지를 페이스북에 올린다. 기본적으로 만 보 이상이다. 알고 보니 혼자가 아니고 틴에이져 딸과 함께다. 요즘 이런 말을 올렸다.

"걸으면서 그동안 잃어버렸던 딸을 되찾았다"

걸으면 해결된다.

마음에도 길이 있습니다

우리는 모두 살아가면서 다 방어기제(Defense Mechanism)를 사용한다. 방어기제는 고통을 피하고 상처받지 않으려고, 스트레스 또는 불안으로부터 자신을 보호하기 위해 무의식적으로 우리 마음이 가는 길이다. 방어기제의 종류는 30가지가 넘지만, 한국의 정신과 의사인 김진 박사는 그의 저서 『마음에도 길이 있다』에서 억압, 전치, 투사, 합리화, 그리고 동일시 이 다섯 가지 방어기제가 한국인에게 가장 흔한 유형이라고 이야기한다. 그에 의하면, 우리가 이 방어기제들을 무의식적으로 반복하면서 마음이 그 길을 계속 가다 보면, 그것이 마음에 길이 되어 인간관계를 왜곡시키고, 본인의 감정까지도 힘들게 한다고 한다.

첫 번째 무엇보다도 억압(Repression)이라는 방어 기제
는, 나면서부터 타인의 돌봄 없이 살아갈 수 없는 인간에
게, 특히 수직적 인간관계가 강한 한국인들에게 가장 흔히
볼 수 있는 방어기제라고 그는 말한다. 억압은 아랫사람이
윗사람에 대해 하는 경우가 많다. 아기가 태어나 기저귀를
떼기까지 최소한 8,000번 넘게 기저귀를 갈게 된다고 한
다. 그런데 이때, 부모가 인상을 찌푸리고 속으로 더럽다고
생각하면서 하면, 아기일지라도 "아, 우리 엄마가 내가 배
설하는 것을 싫어하는구나!" 하면서 무의식적으로 배설을
억제하려고 시도한다고 하니, 이 억압이라는 방어기제가
얼마나 강한 것인지 알 수 있다.

신생아들에게도 발생할 수 있는 억압 현상이, 성장해가
는 아이들에게서는 얼마나 더 깊이 일어날 수 있을까? 특
히 권위적인 부모 밑에서 계속적으로 억압을 경험한 아이
들은, 쌓여진 분노가 공격성 같이 외부로 향하든지, 아니면
내부를 향할 경우 우울증 같은 문제를 야기시킬 수 있다.
아이들이 나와의 관계에서 억압하고 있는 것은 무엇인지,

말하지 않으면 알 수 없는 것들

늘 열린 대화를 나누면서 마음을 모두 표현할 수 있는 수
평적 관계가 필요하다.

　두 번째로 흔한 방어기제는 전치(Displacement)라고 이
책은 이야기한다. 전치는 시어머니한테 화가 났는데 힘
없는 강아지를 발로 차는 것처럼, 상관없는 상대에게 감
정을 표시하는 것이다. 부모들이 자녀에게, 부부 사이에
도 흔히 사용하게 되는 방어기제다. 자라며 아버지에게
받은 상처를 비슷한 행동을 보이는 남편에게 푼다. 못마
땅한 남편에 대한 분노는 남편을 닮은 아들에게 풀거나,
딸이 시어머니를 빼닮아 딸과의 관계에 힘들어한다. 이
렇게 윗사람들에 대한 감정을 힘없는 아이들에게 표출할
때, 죄없이 표적이 되는 아이들의 내적 상처는 말로 다 할
수 없다.
　나도 많은 전치를 해왔다는 것을 무의식을 공부하며
알게 되었다. 남편 목회에 힘든 일이 생기거나, 시어머니
때문에 힘들 때, 혹은 남편과 갈등이 있을 때, 죄 없는 아
이들에게 가서 방을 치우라고 들볶았던 기억이 난다. 행
복하게 잘 놀거나 혹은 책을 보고 있던 아이들이, 부족한

이 엄마의 전치 현상으로 인해 갑자기 방을 치울 때의 억울한 표정이 기억나, 성장한 두 아이에게 진심으로 사과했다.

세 번째로 투사(Projection)가 있다. 투사는 "자기 안의 것을 자기 밖으로 내던지기" 즉 자기 안에 있는 것들을 자기 밖으로 내던져 타인의 것으로 여기는 것이다. 특히 이 투사는 부모가 자녀에게 행하기 매우 쉬운 방어기제라고 책은 말한다. 예를 들어 애들의 능력은 무시하고 지나친 기대를 하며 공부를 시키는 부모들은, 자신이 여러 이유로 원하는 만큼 공부를 못해서 무시당하고 혜택을 누리지 못하고 살아간다는 생각이 자녀들에게 투사되어서 그런 경우가 많다. 투사를 자주 하는 부모들은 자신의 마음을 아이들에게 강요할 뿐 아이들의 생각에 귀를 기울이지 못한다.

부모의 투사가 흔히 일어나는 또 하나의 경우는, 싫어하는 본인의 모습을 자녀에게서 보게 될 때이다. 예를 들어서 남들 앞에 나서지 못해 열등감을 가지고 살아온 엄마가, 유치원에서 발표를 제대로 못한 아이에게 불같이 화를

말하지 않으면 알 수 없는 것들

내는 경우 같은 것이다. 누군가에게 이상할 정도로 화가 날 때는, 본인의 마음을 자세히 들여다보고 투사가 일어나지 않았는지 살펴볼 일이다.

네 번째 합리화(Rationalization)는 쉽게 말해 둘러대기다. 진짜 이유가 상처가 되고 힘이 들 때, 그럴싸한 다른 이유를 대는 것이다. 거짓말과 달리 합리화는 무의식에서 이루어진다. 책임을 회피하고 싶을 때, 잘못을 감추고 싶을 때, 마음이 편해지고 싶을 때, 자신도 모르게 많은 합리화를 하게 된다. 수영을 잘하지 못해서 실내 수영장에서도 빠져 허우적댄 흑역사를 가지고 있는 나는, 사람들이 왜 수영을 안 하느냐고 하면, "오, 난 수영을 싫어해서"라고 나도 모르게 합리화를 해왔다. 무의식이란 얼마나 강한지 이제는 내가 진짜 수영을 싫어하는 것이라고 굳게 믿고 산다.

부모의 합리화는 의무를 다하지 못하는 것에 대한 것이 많다. 모처럼 쉬는 날, 자녀들과 놀아주지 않고 종일 침대에서 뒹굴 때 미안한 마음을 "나는 일주일 너무 힘들게 일했으니까 아이들도 이해해야 해"라고 합리화해버린다. 횡단보도 아닌 데서 길을 건너면서, 아이에게 "네가 다리 아플까 봐서"라고 둘러댄다. 어렸을 적 부모의 계속된 합리화는, 아이들이 성장한 후 부모에 대한 신뢰를 매우 약화시킬 수 있다.

끝으로 동일시(Identification)가 있다. 동일시는 닮는 것을 말한다. 가장 흔한 것이 아이들이 부모님을 닮는 것이다. 아이들은 무서울 정도로 부모를 닮는다. 문제는 무의식적으로 보고 듣는 것을 닮아간다는 것이다. 성인과 달리, 무엇을 받아들이고 무엇을 안 받아들일 것인지 선택할 능력이 전혀 없는 어린 아이들은, 무조건적으로 부모의 장점과 단점 모두를 닮게 된다. 특히 함께 있는 시간이 많은 쪽 부모의 영향은 매우 크다. 나는 자녀나 주변 사람들에게 어떤 동일시 모델이 되고 있는지 조심해야 한다.

내 마음에는 억압, 전치, 투사, 합리화, 동일시, 그중 어떤 길들이 가장 크게 나 있는지, 그것이 나의 인간관계에 지금 어떤 영향을 끼치고 있는지 마음을 한 번 살펴볼 일이다.

말하지 않으면 알 수 없는 것들

십 리도 못 가서 화병 난다

전에 한국의 문화적 증상으로 기재되었던 화병이 정신건강 최신 매뉴얼 DSM5에서는 사라졌다. 화병이 한국인만의 문제가 아니기 때문인 것 같다. 삼성 서울 병원 정신건강의학과 전홍진 교수의 설명에 의하면, 화를 참아서 생기는 화병의 증상은 다양하다. 감정적 증상으로 속상함, 억울함, 분함, 화남, 증오 등이 있다. 신경증 증상으로는 우울, 불안, 불면, 소화 장애, 두통, 신체 부위의 통증이 있고, 기타 증상으로 답답함, 열기, 입 마름, 치밀어 오름, 가슴 뜀, 목이나 가슴의 덩어리 뭉침, 한숨, 뛰쳐나가고 싶음, 잦은 하소연 및 한숨 등이 있다고 한다. 나는 여기에 깨어진 관계라는 관계적 증상을 추가하고 싶다.

누구에게나 참으면 안 되는 감정 중 하나가 "화"다. 그런데 우리가 가장 많이 참게 되는 감정 또한 "화"다. 관계가 끊어질까 봐, 상대방에게 상처를 줄까 봐, 내 자존심이 더 큰 상처를 받을까 봐, 이유는 끝도 없다. 하지만 화는 표현되어야 한다. 그러지 않으면 우리 모두, 정말 십 리도 못 가 발병이 아니라 화병이 난다. 성장 과정에서 표현 못한 분노로 힘들어지는 것은 중장년, 노년만이 아니다. 아이들을 힘들게 하는 것도, 깊이 들어가 보면 억눌린 분노인 경우가 많다.

　우리 한국인에게는 억압이라는 방어기제가 매우 강하다. 무조건 윗사람에게 순종하도록 훈련받아온 세대들은, 억울하고 화가 나도 일단 눌러놓는데 달인이 된다. 억압의 달인일수록 화병에 걸릴 확률이 높고 마침내는 관계에도 문제가 생긴다. 그래서 작은 문제가 있을 때, 자신에게 드는 감정을 이야기해야 한다. 좋은 것은 좋다, 싫은 것은 싫다고 해야 한다. 그러지 말고 이런 식으로 하면 좋겠다고 말해야 한다. 시간이 아무리 지나도, 가만히 놔둔 문제는 없어지지 않는다. 문제는 작을 때 직면하고 소통

말하지 않으면 알 수 없는 것들

하고 해결해야 없어진다. 세상에는 질량 보존의 법칙 뿐 아니라, 감정 보존의 법칙도 있다고 난 굳게 믿는다. 눌러 둔 문제는 사라지는 게 아니라, 더 큰 문제가 되어 돌아올 수 있다.

그 중에서도 가족으로부터 받은 상처로 화병이 생긴 경우는 더 안타깝다. 배우자로부터, 부모로부터, 자식으로부터 우리는 사랑도 받지만, 상처 또한 반드시 패키지로 받기 때문이다. 우리에게 문제가 생기면 가장 먼저 달려올 사람이 가족이다. 그것이 가족이다. 그런데 감정적으로는 왜 그들과 서로 상처를 주고받으며, 매일 매일 마음에 반창고를 더덕더덕 붙이고 살아가야 하는지 가슴 아프다.

가족 간에 감정에 관한 대화가 너무 없는 것이 큰 문제인 것 같다. 요새 내 마음이 이래요, 이럴 때 나는 이렇게 힘들고 화가 나요, 이런 대화가 거의 없이 지내는 가족들이 대부분이다. 아이들과도 배우자와도 서로의 감정을 이야기하는 대화는 해본 적이 없다고들 하신다. 그래서 오늘도 난 이런 꿈을 꾼다. 집 냉장고에 다양한 감정을 보여주는 이모티콘 차트가 붙어 있다. 저녁에 가족들이 만난다, 오늘 시험을 잘 봤는지, 매출은 많이 올랐는지, 이런 대화는 전혀 들을 수 없다. 대신, 각자 그날 느낀 감정을 이모티콘 차트를 이용해서 나눈다. 서로 왜 그런 감정이 들었는지 묻는다. 그리고 위로해주고 격려해준다. 아, 지나친 바램일까! 집에서 매일 저녁 그런 일들이 벌어지면 상담치료사인 나는 백수가 되겠지만, 그래도 난 좀 그렇게 되기를 꿈꾼다.

요즘 유독 60대, 심지어 7~80대 "언니"들의 상담이 늘어난다. 나 하나만 참으면 된다고 하고, 괜찮은 척 연기하며, 심지어 배우자에게 가스라이팅까지 당하며, 평생 "억압"을 방어기제로 살아온 이 분들, 그들의 "삭아 비틀어진" 힘든 감정들이 이 나이에 그들을 힘들게 한다. 그 스트레스가 세로토닌 같은 행복감 담당 신경전달 물질 분비를 저하시키면서, 어떤 의학적 테스트로도 진단되지 않는 신체 증상들을 유발한다.

화병이 심해지면 합병증으로까지 이어질 수 있다고 하니 무서운 일이다. 멀쩡한 내 심장에 가슴 통증, 협심증, 심근경색 같은 병이 생기면 안 되겠다. 우리 모두 십 리도 못 가 화병 나지 말고, 억압의 달인에서 관계의 달인이 되는 날을 기대해본다. 우리 정신세계의 대부분인, 95퍼센트라

말하지 않으면 알 수 없는 것들

는 거대한 부분을 차지하는 무의식, 거기에 나도 몰래 눌러놓고 살아 온 감정들이, 오 리쯤 갔을 때, 아니면 거의 십리를 가고 있을 때 나를 힘들게 한다면, 이제라도 감정을 표현해볼 일이다. 그 누구보다 나를 돌볼 일이다. 화병 나신 우리 "언니"들, 그대들을 응원합니다! 길벗이 되어드리겠습니다! 홧팅!

화병은 크루즈로

앤 라못(Anne Lamott)은 내가 좋아하는 작가 중 하나다. 대학 중퇴 후, 술과 마약에 젖어 살다 미혼으로 임신까지 하게 된 그녀는, 매주 일요일 길 거리 마켓에 술을 사러 나갔다. 그때마다 길가 흑인 교회 에서 흘러나오는 찬송가 소리를 교회 문에 기대고 서서 듣 곤 했다. 그러던 어느 날 자신도 모르게 교회 안으로 발걸 음을 들여놓는 순간, 따뜻한 엄마 품에 안긴 아기처럼 느 껴지며 한없는 눈물을 흘리게 되었다.

이상한 것은 그 후 그녀에게 늘 고양이 한 마리가 자신 을 따라다니는 것 같은 기분이 드는 것이었다. 어느 날 집 문 앞까지 따라온 그 존재가 예수님임을 깨닫는 순간, 내

말하지 않으면 알 수 없는 것들

삶에 들어오라고, "F" 욕이 섞인 채, "유 캔 'F' 컴인!" 하면서 기독교 신앙을 갖게 되었다. 난 이렇게 솔직하고 유머러스하고 비기독교적 언어로 쓰인 에세이들에 보여지는 그녀의 영성을 아주 많이 좋아한다.

그녀는 셀프 케어, 즉 자신을 돌보는 것에 대한 이야기를 아주 많이 한다. 셀프 케어란 일생 우리에게 따라다니는, 다른 사람들을 즐겁게 하고 돌보는 일을 잠시 떨쳐버리고, 오로지 나 자신의 필요에 집중하는 것이라고 말한다. 설거지가 있는 방향을 안 쳐다보고 좋아하는 향의 커피 한 잔을 놓고 잠시 책을 읽는 것이다. "소소하지만 확실한 행복," 소확행은 여러 군데서 찾을 수 있다.

지금은 뉴욕타임스 베스트셀러 저자이고 유명 작가지만, 미혼모로 아들을 키우며 경제적, 감정적으로 너무나 힘들 때 그녀가 종종 사용했던 셀프 케어를 책에서 읽은 기억이 난다. 산다는 게 무섭고 아무 힘이 없을 때, 그녀는 스스로를 위한 혼자만의 "크루즈"를 가졌다. 향이 좋은 촛불을 하나 켜놓고 애견을 옆에 두고 낡은 소파 위에 누워 가장 좋아하는 M&M 초콜릿을 한 그릇 담아놓고 먹으면서 잡지를 읽는 거, 이것이 그녀 혼자만의 크루즈였다. 참으로 소박한 이 크루즈가 그녀에게는 다시 살아갈 힘을 내게 해주는 산소마스크였다.

살다 보면 자신에게 친절하고 자신을 돌보는 일은 늘 뒷전으로 밀리게 된다. 필요를 채워줘야 할 많은 사람과 많은 일들이 늘 우리를 기다리고 있기 때문이다. 그리고 그 일들은 모두 크고 임박하고 중요한 일로 여겨지기 때문이다. 깨어있는 시간 내내 우리를 필요로 하는 아이들과 배우자, 연세가 들어가면서 건강 문제로 씨름하시는 부모를 돌보는 것도, 직장에서는 내 분야에서 최고의 능력을 발휘해야 하는 것도 당장 절실한 일들이다.

그러나 다른 사람들을 실망하게 하고 싶지 않아서 자신에게 친절하지 않고 자신을 잘 돌보지 않다 보면, 누구나 감정적, 육체적 탈진을 경험하게 된다. 우리는 끝없이 힘이 솟아나는 강철로 만든 슈퍼히어로들이 아니기 때문이다. 순교자의 얼굴을 하고 나는 이렇게 헌신적으로 산다고 세상에 외쳐봤자 우리가 받는 보너스는 없다. 우리가 지쳐버릴 때, 오히려 우리가 사랑하는 사람들, 사랑으로 하던 일들에 대한 분노가 일어난다면 얼마나 슬픈 일인가!

화병에 대한 칼럼을 쓴 후, 어떻게 해야 화병이 안 생기는지, 생겼다면 어떻게 치료해야 하는지 묻는 분들이 계셨다. 심한 우울감이나 신체적 증상까지 왔다면, 항우울제 같은 약과 상담이 도움이 된다. 이 경우 상담에서는, 이야기를 공감하며 들어주는 것 외에도, 자신만의 코핑 스킬(coping skills), 즉 스트레스 대처 기술을 가지게 도와준다.

내게는, 상담할 때 쓰는 행복 리스트가 있다. 기분 좋게 해주는 일들(Pleasant Activities) 리스트다. 백 가지 정도 되는데 전혀 특별한 일들이 아니다. "좋아하는 음악 듣기, 일찍 자기, 맛있는 음식 먹기, 아름다운 풍경 감상하기, 퍼즐 맞추기, 그림 그리기, 바닷가 가기, 걷기, 멋진 옷 입기, 악기 배우기, 게임을 하기, 라인 댄싱, 요리하기, 집 정리하기, 머리 스타일 바꾸기, 친구 만나기, 영화 보기, 책 읽기, 전화하기, 과자 굽기, 목욕하기, 강아지랑 놀기…"등. 자신을 기분 좋게 해주는 자신만의 리스트를 꼭 가지고 있을 일이다.

앤 라못은 말한다. "전적인 셀프 케어는 기쁨과 버팀, 자유의 비결이다. 우리가 우리의 사랑하는 사람들을 돌보듯, 낮잠, 건강한 음식, 깨끗한 침대보, 향기로운 커피 한 잔으로 우리 자신을 돌볼 때, 우리는 보다 풍성하게 이 세상에게 줄 수 있는 사람이 된다"고. 힘들어서 아무것도 못하겠고, 모든 것을 놔버리고 싶다면, 화병이 의심된다면, "나만의 크루즈"다! 다시 열린 찜질방으로, 책 하나 들고 나도 오늘 "나만의 크루즈"를 떠난다!

세상에서 가장 어려운 단어

엄마, 시간 되면 이거 좀 해줄 수 있어? 우리 아드님들, 존댓말을 못 가르쳐서 서른이 넘어도 말이 이 모양새다. 어~~ 알았어. 애야, 엄마 좀 바쁜데 소리는 차마 안 나온다. 선생님, 상담 시간 좀 바꿀 수 있나요? 어, 네, 알겠어요. 사실 시간 바꾸면 나는 좀 힘들어진다. 하지만 벌써 내 입은 괜찮다고 말하고 있다. 사모님, 같이 식사해요! 오, 그래요 하지만, 먹는 거보다 그냥 쉬는 게 더 좋은 때도 사실 있다. 언니, 지금 시간 좀 돼요? 물어볼 게 있어요. 어, 그럼. 뭔데? 거 참, 지금 나 바쁜 중 아님? 속으로 생각하면서도 이미 다 중단하고 이야기 듣고 있다. 아니, 언니 바빠, 정확히 14분 30초 후에 전화해, 이래 본 적 한 번도 없다. 난 헌신적인 엄마에다 친절한 썬 킴이니까. 남의 부탁을 거절하는 건 내 스타일이 아닌걸.

상담 일을 시작할 당시 나는 여전히 포트리 고등학교 풀타임 교사로 일하고 있었다. 그래서 맡을 수 있는 케이스 숫자에 한도가 있었다. 그런데, 내가 상담을 한다는 말을 듣고 학군이나 교회를 통해 아는 사람들로부터 많은 의뢰가 들어왔다. 들어보면 어느 하나 딱하지 않은 사람이 없었다. 이분은 한국어 밖에 못하시는데, 이 아이는 학교 문제라 내가 가장 잘 이해할 수 있는데, 이 분에겐 어린 2세 상담사보다 내가 나을 텐데, 내가 도와주지 않으면 어떻게라도 될 것처럼 나는 계속 상담을 받아들였다. 결국 번아웃(탈진)이 왔다. 수퍼바이져가 집에 가서 No를 백번만 외쳐보라고 했다. No는 이렇게 나에게는 세상에서 가장 어려운 단어였다.

하지만 나는 나의 번아웃마저 트로피처럼 여겼다. 그래, 난 헌신적이고 착한 상담사야, 힘든 사람들에게 어떻게 노를 한단 말이야, 말도 안 되지 하면서, 어떤 날은 9명을 연달아 상담하고는, 집에 와서 소파에 한 시간 동안 죽은 듯

말하지 않으면 알 수 없는 것들

이 뻗어 있었던 날도 있었다. 생각 끝에 교직에서 조기 은퇴했다. 그랬더니 상담자 수가 43명까지 올라갔다. 물론 다 매주 상담은 아니지만, 정신이 하나도 없었다. 누가 누군지 헷갈릴 수도 있겠다는 생각이 들었다. 한 번은 예약을 이중으로 해서, 오고 있는 한 분에게 전화로 사과하고 돌아가게 한 적도 있었다. 나중에는 상담 요청 메시지 녹음을 알려주는 사무실 전화기의 빨간 불빛이 꿈에 보였다. 전화기가 밉고 사무실 건물 색깔마저 미워지기 시작했다. 또 테라피스트(치료자) 번아웃이었다.

그러던 중 우연히 심리치료사 Dr. Daniels와 심리학자 Dr. Neo가 설명한 동반 의존 (Codependency 코디펜던시) 행동 패턴을 읽다 소스라치게 놀랐다. "주변 모든 사람을 기쁘게 해야 마음이 편하다. 다른 사람의 문제를 꼭 해결해 주어야 한다고 생각한다. 내가 하고 있는 일, 그리고 누구와 알고 지내는지가 나의 정체성을 결정한다. 다른 사람에게 어디까지 해주어야 할지 한계를 정하는 게 어렵다. 인간관계에 연연한다."

앗! 바로 내 이야기였다. 나는 사실, 동반 의존 혹은 관계 중독 문제로 힘들어하는 사람 성공적으로 상담도 해준

적 있다. 그런데 가만 보니 나에게도 동반 의존 행동 패턴이 있었다. 동반 의존이라는 말은 원래 중독자와 중독자를 돌보는 사람 사이의 의존관계에서 나온 말이다. 예를 들어 알콜이나 마약중독 자녀를 둔 부모가 있다. 화를 내면서도 결국은 자녀들에게 술이나 마약 살 돈을 도와준다. 무의식적으로, 자녀들이 이렇게 그들을 필요로 함에서 자신의 가치를 찾는 것이다. 요즘은 이 말이 애인, 가족, 직장동료, 상사 같은 보편적인 인간관계나, 자신의 일에도 적용된다. 그래서 일 중독도 일종의 동반 의존으로 본다.

동반 의존 끼가 있는 사람들, 나를 포함, 하!하!하!, 완전 착한 사람들 많다. 이 세상은 왜 이리 나를 필요로 하는거야 하면서, 나의 필요보다 남의 필요를 채우는 일에 힘쓰는 희생적이고 헌신적인, 정말 너무나 괜찮은 사람들이다! 그런데 문제는 이러다 보면 결국 자신이 힘들어지고, 그러면 자신이 돌보는 사람들에 대한 분노마저 생길 수 있어, 양쪽 모두에게 해로운 관계가 된다는 것이다.

동반 의존을 극복하는 데 가장 중요한 단어가 바로 No

라고 Dr. Neo는 말한다. 주변 사람들 마음 상할까 봐, 갈등 상황이 싫어서, 억지로 Yes를 하는 피플 플리저가 되지 말라고 한다. No를 할 때는 하라는 것이다. 그리고, 모든 일의 해결사(fixer)가 되려고 너무 애쓰지 말고, 내가 할 수 없는 일엔 No를 하기를 권한다. 또한 할 수 있는 일과 하고 싶은 일의 한계를 정해서 그것을 벗어나는 일에는 No를 하는 것도 중요하다.

살면서 유독 마음에 걸리는 사람들이 있기는 하다. 다른 자식보다 더 걱정되는 자식이 꼭 있다. 내가 안 봐주면 대책이 없을 것 같은 배우자나 다른 가족, 친구도 있다. 하지만, 이들에게 No를 못 하는 것이 의무감이나 죄책감, 조용한 분노를 동반한 희생적 관계이기 때문이라면, 새해부터는 좀 개선해 보자. No를 하는 것이 때로는 나도 살리고, 상대방도 살린다. 요즘은 상담 의뢰가 올 때, 조금 기다려야 상담해드릴 수 있다는 말도 곧잘 하는 내가 신기하다. No의 미학을 배우는 중이다.

설레지 않으면 버려라

    세월의 두께는 갈수록 얇아진다. 교직에서 은퇴한 게 엊그제 같은 데 벌써 일 년이다. 하긴 아이들조차도 시간이 너무 빨리 간다고 아우성들이다. 그래도 새로운 한 해가 주어진다는 것은 얼마나 고마운 일인지. 새해를 기다리며 연말마다 연중행사처럼 하는 일들이 있다. 정리하고 버리는 일이다.

    『설레지 않으면 버려라』 일본인 마리에 곤도가 쓴 정리에 대한 책 제목이다. 유치원을 다니면서부터 (세상에!) 정리에 푹 빠져 살았다는 그녀의 책은 이미 40개국에서 700만 권 이상 팔렸으며 뉴욕타임스 베스트셀러 리스트를 몇 년 동안이나 유지했다. 저자인 곤도 마리에는 미국 각종

TV 토크쇼에 출연하고 2015년에는 타임지가 선정한 영향력 있는 100인에 뽑히기도 했다. 단지 정리의 비법을 소개함으로 단숨에 세계적 베스트셀러 작가가 되고 100위 안에 드는 영향력 있는 인물이 될 수 있었다는 사실은 정리하는 것이 우리 인생에 얼마나 중요하고 의미 있는 일인지를 말해준다.

마리에 곤도에 의하면 우리는 물건을 정리하면서 과거를 처리하기 때문에 삶을 대하는 태도가 달라진다고 말한다. 정리하면서 삶을 성찰하게 되고 인생에서 무엇이 필요하고, 무엇이 필요하지 않은지, 무엇을 해야 하고 무엇을 그만둬야 하는지 알게 되기 때문에, 그녀에 의하면, 진짜 인생은 정리한 뒤에 시작된다.

정리는 버릴 것을 고르는 것이 아니라 남길 것을 고르는 것임을 깨달으면서 그녀는 여섯 가지 정리법을 소개한다. 첫째, 한 번에 완벽하게 끝낸다. 둘째, 어떤 집에서 어떻게 살고 싶은지 이상적인 생활을 떠올린다. 셋째, 정리의 시작은 버리기라는 것을 잊지 말아야 한다. 넷째, 장소에 따라 정리하는 것이 아니라 물건별로 정리한다. 다섯째, '의류-

책-서류-소품-추억의 물건' 순서로 정리한다. 여섯째, 물건을 만졌을 때 설렘이 느껴지는지 아닌지에 따라 버릴 물건과 남길 물건을 판단한다.

2018년, 참 많은 것들을 버렸다. 몇 해 전 세상을 떠난 남편의 자료 바인더들을 다 버렸다. 목회자였던 남편은, 가나다순으로 그리고 알파벳 순으로 설교 준비를 위해 참 많은 자료를 정리해 놓았었다. 구글과 스마트폰이 없던 시절 남편이 모아놓았던 방대한 자료들을 버리면서, 고심하고 또 고심하며 설교 준비에 최선을 다하던 남편을 추억하였다. 그렇게 준비해서 많은 사람 영혼에 힘을 주던 남편의 그 많은 설교록도 이제 정리할 때가 된 것 같다. 언젠가 이 중 언어로 설교집을 발간해야겠다고 생각하는 동안, 세상은 디지털화되어버렸다. 남편과 나의 누렇게 바래진 2~30년 전 강의 노트들도 다 묶어서 버렸다. 책장에 계속 꽂혀만 있던 책들도 필요한 사람들과 도서관에 기증하였다. 읽을 생각에 마음이 설레는 책들만 남기고 나니 책장이 홀쭉해졌다.

옷장에서도 한 계절이 지나도록 한 번도 입은 일이 없었

말하지 않으면 알 수 없는 것들

던 옷들을 다 골라내어 도네이션했다. 신발들, 스카프들, 티셔츠, 모자, 장갑, 코트 등등, 계절이 바뀔 때마다 나왔다 들어갔다만 하던 것들을 다 치우고, 입을 생각에 마음이 설레는 것들만 남기고 나니 옷장이 홀쭉해졌다. 부엌에서도 몇 년 동안 한 번도 쓴 일이 없던 식기와 주방용품들을 도네이션하고 꼭 쓰는 것만 남겼다. 부엌과 집안 곳곳 수납장에서 거추장스럽게 자리만 차지하던 물건들을 정리하고, 쓸 생각에 마음이 설레는 것들만 남기고 나니 온 집안이 홀쭉해졌다.

　가까운 친구 하나가 몇 년 전부터 이 일을 하고 있다. 미니멀리스트의 삶을 지향하는 그 친구의 목표는, 짐을 두 개의 여행 가방으로 줄이는 것이다. 언젠가 삶이 그녀를 어디로 부르든 가볍게 떠날 수 있도록, 그녀는 버리고, 주고, 기부하는 일을 오늘도 계속 중이다. 올 연말 내 마음도 새털처럼 가볍다. 이제 남아 있는 물건들은 나와 설렘이라는 진정한 가치로 관계가 재설정되었다. 물건들을 정리하면서 과거가 치유되는 느낌, 그리고 그 자리에 미래의 희망이 조용하게 차오르는 느낌은 정리하면서 내게 주어진 연말 보너스이다. 한 해가 지고 또

한 해가 온다. 버릴 것은 버리고 설레게 하는 것들과 함께 새해를 맞는다.

Chapter 3

사막을 건너는
여섯 가지 방법

산인가 사막인가

　　2007년, 남편의 아이보리 코스트(코트디부아르) 집회에 동행했다. 남편은 부흥회, 나는 가정세미나 인도 후, "귀빈"을 위해 마련된 특별 보양식이 나왔다. 특별히 얼려놓았던 그 고기였다. 앗! 남편도 나도, 그거 못 먹는다. 그래서 교회 분들만, 미안해하시면서도 신나게 드시던 기억. 이민 초창기 카메라가 귀하던 시절, 마을마다 들어가 찍은 사진을 포토샵으로 보기 좋게 현상해서 갖다주어 많은 돈을 벌었다는 그곳 교포들은 당시는 물 사업 등을 하고 계셨다.

　　집회 후 찾아간 마을에서는, 준비해 간 진통제와 비타민

을 단 몇 알이라도 받으려는 사람들 줄이 끝이 없었다. 미
국에서 먹지도 않은 채 버려지는 약들이 생각나 얼마나 안
타까웠는지. 초대받아 간 추장님 댁, 화려한 채색의 천을
휘감은 추장님이 휴대폰을 턱 꺼내더니 아들에게 전화한
다. 코카콜라 사 오라고. "추장"에 대한 나의 환상이 확 깨
지던 순간이었다. 그 추장님 머리에 손을 얹고"주님을 알
게 해달라고" 안수기도하던 용감한 남편도, 한 명 한 명 바
다에서 침례를 받을 때마다 북을 치며 찬양하던 해변 세례
식의 감동도 잊을 수 없다.

　일정을 끝내고, 화폐 가치 차이로 국경에서 돈을 한 가
방 주고 비자를 받아 건너간 가나에서는, '여호와는 나의
목자'미용실, '시23'식당 같은 간판들이 재미있었다. 엘미
나 노예 성에서, 그 작은 방들에 백 명이 넘는 노예들을 차
곡차곡 쌓아놨다가 유럽으로 노예선에 태워 보냈다는 것
을 들을 때, 그 와중에도 여자들을 밤마다 성 노리개로 올
려보내는데 사용되었다는 총독 방과 연결된 천장의 작은
문을 볼 때, 후손들의 원한이 고스란히 느껴졌다.
　그 때 하룻밤 묵었던 부수아 비치는 내게 아주 특별한

기억으로 남아 있다. 그곳은『사막을 건너는 여섯 가지 방법(Shifting Sands)』의 저자인 스티브 도나휴가 사하라 종단 후 도착한 바닷가이기도 했다. 이십 대에 그저 "따뜻한 해변을 찾아"내려가다 사하라를 종단하게 되었지만, 이후 이혼이라는 사막을 걷게 된 사십 대의 그는 삶을 사막으로 표현한다. 인생이 단기적으로는 산꼭대기를 목표로 올라가는 것 같지만, 장기적으로는 목적지가 불분명한 사막을 걸어가는 것에 더 가깝다는 그의 생각은 살수록 공감이 간다.

남편도 나도 당시 지극히 힘든 사막을 건너는 중이었다. 2005년 진단받고 완치로 믿었던 대장암이 2007년 폐로 전이되어 다시 항암을 시작했을 때였다. 죽더라도 설교하다 강단에서 죽겠다며, 항암 중에도 모든 목회나 집회 일정을 감당하던 그는, 그해 봄 예정되어 있던 아이보리 코스트를 강행했다. 나와 달리 외모를 아주 아주 심하게 신경 쓰던 그의 머리가 뭉텅뭉텅 빠지기 시작한 곳도 이 부수아 비치에서 였다. 당황스러울 정도로 한 움큼씩 빠지던 머리카락, 돌아오는 길 경유한 그 화려한 파리는 나와 남편에게는 통하지도 않는 말로 가발을 구하러 다녀야 했던 어렵고 힘든 사막일 뿐이었다.

토요일, 평생 어려운 일이란 없을 것 같던, 그리고 아직은 너무나 예쁜 선생님 남편의 '천국 환송 예배'에 참석했다. 앞으로 그녀가 한동안 걸어야 할 그 사막을 걸어 본 나의 가슴은 무너졌다. 하지만 사막에도 길과 오아시스는 있고, 사랑하는 사람들과 함께라면 충분히 건널 수 있는 곳임을 친구가 알게 되기만을 기도한 저녁이었다. 인생이라는 사막을 걸어가는 우리 모두를 위해, 스티브 도나휴의 『사막을 건너는 여섯 가지 방법』을 생각하게 하는 날이었다.

말하지 않으면 알 수 없는 것들

지도 말고 나침반

　　내비게이션의 시대다. GPS, 내
비게이션만 있으면 길치도 어디든 간다. 심지어 내 차의
친절한 내비씨는 두 시간 반 넘으면, 잠깐 쉬라며 김이 모
락모락 나는 커피잔을 끈질기게 보여 주신다. 그런데, 이
스마트한 내비도 계속 지어지는 건물과 콘도 등을 따라잡
지 못하면 실수를 한다. 지금은 좀 덜하지만, 전에 고속도
로에서 한참 운전 중 갑자기 "목적지에 도착하셨습니다"
하며 나가라고 할 때, 헐~ 황당했었다.

　　살다가도 잘 따라가던 지도가 맞지 않는 순간을 만난다.
지도 대로 열심히 따라가며 걷던 목적지인 산봉우리가 갑자기 시야에서 사라져 버릴 때, 누구라도 길을 잃을 수 밖에 없다. 특히 모래 폭풍 한 번만 지나가면 왼쪽 모래산 언덕이 오른쪽으로 옮겨가는 사막에서는 지도가 무용지물이다. 인생도 그렇다. 그래서 지도가 아니라 나침반을 따라가라(Follow a compass, not a map)는 것이 『사막을 건너는 여섯 가지 방법』중 첫 번째 방법이다.

이 책 저자 스티브 도나휴는 사십 대에 이혼이란 뜻하지 않았던 사막을 만났다. 아내는 열 살, 열세 살 두 아이를 데리고 아홉 시간 반 운전 하고 또 두 시간 배를 타야 하는 먼 곳으로 이사했다. Now what? 따라가던 지도가 무의미해지고 갈 길을 잃은 사막의 순간, 그는 자기 안의 나침반이 어느 방향을 가리키고 있는지 들여다보았다. 그리고 알게 되었다. 지금 가장 소중한 것은, 아이들과 전보다 오히려 더 좋은 관계를 맺는 것이라고 그의 마음이 말하고 있는 것을.

이후 일 년 반을 그는 매달 열흘씩 그곳에 가서 아이들과 지냈다. 그리 비싸지 않은 방을 빌려 아이들과 살면서, 음식 해주고, 학교 보내고, 아들의 축구 게임을 지켜봤다.

       말하지 않으면 알 수 없는 것들

아이들과 이 침대에서 저 침대로 뛰며 놀다 시끄럽다고 쫓겨나기도 했다. 그러는 시간 동안 아이들과 그보다 더 가까워질 수는 없었다. 나침반을 따랐을 때, 하루하루의 소중함이 살아났다. 아이들과 함께하는 열흘 내내, 매일 그는 '아빠'일 수 있었다. 아이들과 '가족'일 수 있었다. 매일 매일 그의 삶의 목적을 찾아준 것은 먼 미래의 목표가 아니라, 마음 속의 나침반이었다.

길과 모래 언덕이 하루에도 몇 번씩 생겼다 사라지는 사막에서 유일하게 방향을 보여주는 것이 나침반이듯, 변화무쌍 예측 불가한 사막의 삶을 사는 우리에게도 내면의 나침반은 방향을 제시해준다. 사랑하는 사람들과 좋은 시간을 보내봐, 조금만 더 인내하자, 매 순간을 음미하고 마음을 챙기렴, 좀 더 믿음을 가져봐, 제일 하고 싶은 것을 해, 가장 잘할 수 있는 것을 해봐. 이렇게 내면의 나침반이 가리키는 방향으로 하루하루 살다 보면, 오아시스도 만나게 되고 목적지에도 도달하게 된다.

때로는 방황 같더라도 지도 아닌 내면의 나침반을 따라가 보자. 스티브 도나휴는 어릴 적부터 웃기는 데 소질이 있었다. 그래서 커서 가장 먼저 시도한 것이 스탠드업 코미디언이었다. 그러나 청중은 웃지 않았다. 다른 곳에서 똑같은 내용을 욕을 섞어서 했을 때 비로소 청중은 열광하며 웃었다. 하지만 욕을 해야 하는 그 일이 그에게는 맞지 않았다. 이후 컨설턴트로 일하다 우연히 강사로서의 소질을 발견, 그 분야에서 제법 성공했다. 그러나 2000년대 초반 서브프라임 경제 위기가 오면서 모든 강연 요청이 끊어졌다. 다시 사막에 서게 되었다. 이때 다시 들여다본 마음의 나침반이 말해주었다. 너는 소통을 원하잖아. 청중 앞에 서지는 못하지만, 책으로 소통해봐. 그 결과 2004년 나온 것이 바로 이 책이다.

『어린 왕자』를 쓴 생 텍쥐베리는 내가 아주 좋아하는 작가이다. 그는 우편물을 운반하는 항공기 회사의 조종사로도 일했다. 대학 시절 읽은 『인간의 대지』라는 책에서, 그는 사하라 사막에 불시착하여 죽을 뻔한 경험을 이야기한다. "밤새 지도를 연구했지만 아무 소용이 없었다. 내가 어디에 있는지를 알 수 없었기 때문이다."

내가 지금 어디에 있는지, 나는 어떻게 살고 싶은지, 따라가던 지도는 좀 접어놓고, 내 안의 나침반을 찬찬히 들여다보기에 아주 좋은 겨울이 깊어만 간다.

오아시스에는 문이 있다

L.A에서 열리는 상담 치료 컨퍼런스가 올해도 비대면으로 진행된다는 것을 떠나는 날 새벽 비로소 알았다. 주최 측 이메일이 다 정크로 들어가서 몰랐다. 덕분에 호텔에서 편하게 강의를 듣고, 이곳 절친과 시도 때도 없이 만나고 있다. 강의들은 90일 이내 볼 수 있어서, 금요일엔 게티 박물관과 말리부 게티 빌라에 들린 후 산타 모니카 해변의 일몰까지 감상하고 돌아왔다. 뜻밖의 오아시스를 친구와 즐기는 중이다.

사막을 건너는 두 번째 방법은, 오아시스를 만날 때마다 쉬어가는 것(Stop at every oasis)이다. 사막 같은 삶에서

말하지 않으면 알 수 없는 것들

오아시스를 만났을 때, 쉬는 것은 선택이 아니고 필수다. 더 많이 쉴수록 더 오래 갈 수 있다. 필요한 것을 재충전하고, 여정을 재점검하고, 다른 여행자들을 만날 수 있는 곳이 오아시스라고, 『사막을 건너는 여섯 가지 방법(Shifting Sands)』의 저자 스티브 도나휴는 말한다.

살다 보면 나를 돌보는 일은 늘 뒷전으로 밀린다. 쉼 없는 부모의 삶에도 오아시스는 필요하다. 오아시스가 반드시 비싼 스파나 긴 여행을 의미하지는 않는다. 그저 할 일 하나 눈감아 두고, 하고 싶은 거 하나 하는 것이다. 육아에 지칠 때, 베이비시터를 구해 몇 시간이라도 친구나 배우자와 시간을 보내는 것이다.

오아시스는 메마른 곳에 물을 주는 곳이라고 도나휴는 말한다. 그래서 진지한 일을 하는 사람에게는 좀 헐렁헐렁 웃기는 시간이 필요하다고. 주말이면 코미디언으로 변신하는 장례지도사, 고속도로 오토바이족으로 돌변하는 교감 선생님 등은 우리에게 얼마나 오아시스가 필요한지 보여준다.

자전거도 못 타는데 오토바이를 탈수도, 코메디를 할 수도 없는, '완전 범생 사모, 교사 출신' 심리치료사인 나의 오아시스는? 책 하나 들고 찜질방 가기(요즘은 좀 불안하긴 하다), 뻔한 멜로드라마 보며 멍 때리기(첫 회만 보면 결론이 좌~악), 헤이즐넛 커피와 땅콩 크림 빵 하나(내 주치의는 제발 안 보시기를), 책방에서 수첩이나 노트 고르기(에고, 사놓고 안 쓰는 수첩이 서랍 가득), 사악할 만치 비슷한 퍼즐 조각 맞추기(성취감 최고) 등등이다. 이 어이없는 오아시스들이 나를 다시 진지하고 치열하게 살게 해 준다.

도나휴가 만난 오아시스에는 벽과 문이 있었다. 그리고 그 문에는 지키는 사람들이 있었다. 외부인의 침입을 막기 위해서였다. 우리의 오아시스에도 벽과 문은 꼭 필요하다. 특히 나같이 No를 못 하는 사람은, 와! 오아시스 라고 들어가려는 순간, 뭔 일이 생기면 빛의 속도로 뛰쳐나갈 것이 뻔하기 때문이다. 나 아니면 누가 해결할까(누가 도와 달랬냐고!) 이런 생각들, 길어만 가는 To Do 리스트, 긴급한 일들의 횡포, 완벽주의 성향 등이 오아시스 문을 부수려고 아주 안달이 난 침입자들이다. 이것들로부터 나의 오아시스를 지켜야 한다.

나의 마지막 오아시스는 언제였는지, 물을 주어야 할 내 삶의 메마른 부분은 무엇인지, 우리 모두 가끔은 오아시스에서 쉬고 힘을 얻을 수 있기를 이 겨울 기대해본다.

바람 빼고

처음 미국 대학원에서 공부할 때 일이다. 교수님 질문에, 와! 완전 대박, 정답이 바로 떠올랐다. 문제는 손이 올라가지 않는 것이었다. 완벽한 영어가 안 될까 봐, 내 손은 재빠르게 일 톤의 무게로 변해버렸다. 그때 누가 손을 번쩍 들더니, 글쎄 내 대답을 자기가 술술 하신다. You just hit the head of the nail(바로 그거야)! 하며 완전 칭찬하는 교수님, 에그… 내 완벽주의가 심히 원망스러워지면서, 머리를 강의실 벽에 짓찧고 싶던 순간이었다.

인생이라는 사막에서, 완벽주의나 내 방식이 통하지 않

을 때가 있다. 특히 몰고 가던 차가 모래 웅덩이에 갇히기라도 하면, 내 자존심과 내 생각을 내려놓아야 하는 정체의 순간을 만난다. 『사막을 건너는 여섯 가지 방법 (Shifting Sands)』의 저자 스티브 도나휴도 사하라를 건너다 차가 모래에 빠진다. 운전자는 알제리아 출신 엔지니어 장룍, 기계에 능한 그는 모든 방법을 동원 안간힘을 쓴다. 그러나 고운 가루 같은 프슈 프슈라는 모래 웅덩이에 갇혀버린 차는점점 더 모래에 파묻힐 뿐이다.

그때 누가, 엑셀을 밟지 말고 타이어에서 바람을 빼라고조언을 한다. 그러면 타이어가 모래와 닿는 면적이 넓어져차가 움직일 수 있다고. 그러나 사막 전문가를 자처하는장룍에게 다른 사람 말이 귀에 들어올 리 없다. 아무런 방법도 안 통하고, 섭씨 50도 더위 속에 일행의 생명이 위협받게 될 지경에서야, 그는 할 수 없이 타이어에 바람을 뺀다. 순간 차는 기적처럼 모래를 빠져나간다.

모래에 갇히면 타이어에 바람을 빼라(When you are stuck, deflate), 저자가 말하는 사막을 건너는 세 번째 방법이다.

아스팔트가 갑자기 끝나고 모랫길이 나타날 때, 우리의 방법이 더 이상 먹히지 않을 때, 우리가 해야 할 일은 해오던 방식을 좀 내려놓고 자아에서 공기를 조금 빼는 것이다. 밀어 붙이는 대신, 몰랐었네, 내가 잘못 생각했네라고 말할 수 있는 것이다. 사과하고 도움을 받아들이는 것이다.

　공기를 빼는 것은 부끄러운 일이 아니다. 책에 나오는 아프리카 다가라 종족 출신 작가 말리도마 소메는, 사십 대 초반 자기 나라로 돌아가 뒤늦은 성인식을 치른다. 마을 한복판에, 중년의 그가 이틀간 앉아 있다. 마을 사람들은 그를 찾아가 그의 모든 실수를 언급하며 비난하고 꾸짖는다. 모욕하고 평가절하한다. 두 개의 박사 학위와 세 개의 석사 학위를 취득한 그라도, 단 한 마디도 대꾸하지 못하는 것이 규칙이다. 나라면? 오, 노, 첫 분 방문 이후 바로 떠난다. 이런 과정을 통해 자아에서 오만의 공기를 빼고 겸손하게 되어야 진정한 성인이 될 수 있다고 생각한 그들의 지혜는 참 놀랍다.

　완벽주의의 바람을 뺀 삶은 얼마나 편한지. 보니까 틀리

든 말든 막 말을 하는 애들이 영어도 제일 빨리 배운다. 집착의 바람을 뺀 삶은 또 얼마나 자유로운지. 발목 붙잡는 과거와 작별하고 새로운 시작을 선물한다. 체면의 공기를 뺀 삶은? 몸치가 춤을 추게 한다. 지난 늦가을 센트럴 파크에서 거리 뮤지션의 캐럴을 들으며 나도 모르게 춤을 췄다. 누가 인스타에 올리긴 했는데, 이 명장면이 현재까지 조회 수 겨우 44회인 것은 아직도 풀리지 않는 신비이다.

또 한 해가 저물어 간다. 송년의 계절에 불필요한 바람은 빼고, 그 자리에 필요한 새로운 기운으로 채워, 우리 모두 오아시스를 향해 고고씽을 기원해본다!

따로 또 함께

편히 사람들을 만나는 게 어려웠던 연말연시였다. 우리 집도 새해 아침 떡국조차 함께 먹지 못했으니. 주범은 이놈의 오미크론. 연말, 큰아들이 양성 판정을 받아 격리 중이었다. 다행히 아들 말로 증상은 "독감보다는 덜한 감기" 정도였고 이제는 거의 좋아졌다. 아래위층 사는 나도 지난 주 검사를 받았는데, 음성 결과가 설날 저녁에서야 나와, 2022년 첫날 우리는 한 동네 세 이산가족이었다. 그래도, 둘째네가 전해 준 설음식 덕에 따로지만 함께임을 느낄 수 있었다.

"따로"와 "함께"는 사실 반대다. 그런데 이 따로 또 함께

말하지 않으면 알 수 없는 것들

여행하기(Travel Alone Together)가 『사막을 건너는 여섯 가지 방법(Shifting Sands)』의 네 번째 방법이다. 저자 일행은 사하라에서 모래 웅덩이를 간신히 빠져나온 후, 이젠 거친 포장길을 맞는다. 세 대의 차에는 번갈아 타이어 등 문제가 생긴다. 그럴 때마다 섭씨 54도의 뜨거운 모래사막에서 함께 기다리는 것은 모두에게 위험한 일이었다. 그래서 생각한 것이 따로 또 함께 여행하는 것이었다. 문제의 차를 고치는 동안, 나머지 일행은 기다리지 말고 계속 간다. 단, 가장 앞선 차는 해 지기 얼마 전 멈춰, 잠잘 캠프 장소를 준비하고 기다린다. 그러면 뒤처졌던 차들이 모두 합류하여 함께 자든지, 혹 늦게까지 못 오는 차가 생기면 찾아가 도와주는 식이다.

이렇게 따로 또 함께, 앞서거니 뒤서거니 하면서, 결국 밤에는 함께 만나서 자는 사막 여행길은, 함께 길을 가지만 각자의 삶은 본인이 책임져야 하는 우리 삶과 많이 닮았다. 백 퍼센트 혼자일 수도, 백 퍼센트 함께일 수도 없는 것이 인생임을 점점 느낀다. 이렇게 때로는 혼자, 때로는 함께 살아가야 하는데, 이 때 저자는 자신에게 편하고 자연스러운 것이 꼭 좋은 것은 아니라고 말한다.

난 어려서부터 툇마루가 주~욱 붙어있고, 방방마다 사람들이 그득한 한옥서 사는 꿈을 꾸었다. 그래서 그런지 목사 사모와 교사가 되어 늘 사람들로 북적이는 삶을 살았다. 그러던 어느 날, 세상이 갑자기 고요해졌다. 남편 떠난 봄 학기를 힘들게 보내고, 방학 하자마자 비행기를 타고 사람들을 찾아다녔다. 젤 먼저, 몇 년 전 혼자 되신 토론토의 사모님을 찾아가 어떻게 살아내셨는지 물었다. 한국에 가서는 싱글 친구들을 만났다. 하루도 혼자 있지를 못하고 늘 사람을 만나야 했던 내게, 친구들은 이해가 안 된다는 얼굴로 말했다. 자신들은 며칠이고 혼자서도 아주 잘 지낸다고.

당시는 전혀 공감할 수 없었던 친구들의 말이 이젠 이해가 된다. 나도 이제 스케줄 없이 혼자 집에 있는 시간을 즐기게 된 지 꽤 오래되었으니 말이다. "함께"가 삶의 방식인 팀 플레이어도 가끔은 혼자임을 즐겨보자. 혼자(alone)임이 반드시 외로운(lonely) 것은 아님을 알게 된다. 반면, 기질상 혼자서 무엇을 해결하는 게 편한 내향성 솔로이스트들이여, 이제 그만 자존심을 버리고 도움을 요청하자. 함께 갈 때 사막 길은 짧아지고, 오아시스는 가까워 진다.

　사막 같은 인생에서 거친 도로를 만났을 때, 이렇게 자신에게 익숙한 것을 바꿔보는 것은 큰 도움이 된다. 변화를 싫어하는 에고의 저항을 좀 극복하고, 혼자가 편하던 "따로"의 사람은 "함께"의 시간을, 누군가가 늘 필요했던 "함께"의 사람은 "따로"의 시간도 가져보자. "따로 또 함께" 멋지게 살아가는 새로운 나날을 기대해본다.

불멍과 등산화

　　늦가을, 산 정상에서 바비큐를 했다. 등산로에서 좀 떨어진 아늑한 너럭바위 위 둥그런 돌 화덕에, 나뭇 가지를 주워 다 불을 피웠다. 거기다 통 오징어와 직접 기른 더덕을 구워 라면하고 산에서 먹는 맛이란! 마무리로 믹스커피 한 잔에 두 발을 불가에 올려놓고, 세상 우아한 자세로 불멍을 즐기니, 아무것도 부러울 게 없었다. 한참 후 내려오려는데, 앗, 왼쪽 신발이 이상하다. 거죽이 흐물흐물하다. 불멍에 정신이 나가 신발 녹는 줄도 모른 이 미련 곰탱이! 가볍고 편해 큰맘 먹고 장만한 169불 짜리 등산화의 슬픈 전설이여!

　　캠프파이어에서 한 걸음 멀어져라, 'Step away from

　　　　　　　　　　　　　말하지 않으면 알 수 없는 것들

your campfire'(그래야 등산화가 타지 않는다!) 『사막을 건너는 여섯 가지 방법(Shifting Sands)』에 나오는 다섯째 방법이다. 저자 도나휴와 친구 탤리스는 돈을 아끼려 오아시스 밖에서 캠핑을 한다. 그때, 전에 소금을 달라며 찾아왔던 투아렉 유목민이 다시 나타나 함께 가자고 한다. 낯선 곳에서, 낯선 사람의 뜻밖의 제안이 조금은 불안감이 엄습하지만 할 수 없이 따라간다. 안락한 캠프파이어를 떠나 칠흑 같은 사막을 별빛에 의지해 도착해 보니, 사슴 고기 바비큐가 한창이다. 잔치에 초대받은 것이다. 맛있는 고기에 차까지 마시고, 불어 하는 사람 통역으로 눈물이 나도록 웃고 놀면서, 경계 대상이었던 그들과 가까워지는 새로운 체험을 한다.

'불멍'이 대세다. 누구도 따뜻한 캠프파이어를 떠나기 싫다. 지금껏 살아오며 통했던 세계관, 가치관과 습관들, 든든한 가족과 친구들, 익숙한 직장과 집, 평온한 일상 등이 떠나기 싫은 우리 캠프파이어들이다. 그 곁에 안주하는 것은 편안하고 친숙하다. 그래서 변화나 위기를 만날 때, 우리는 이 불을 더 크게 만들려고 나뭇가지를 주우러 다닌다고 저자는 말한다. 문제는, 그러다 보면 캠프파이어가 비춰 주는 곳이 어두운 밤의 극히 일부분일 뿐임을 잊게 될 수 있다는 데 있다. 다른 세상도 있다. 한 걸음 멀어져 보면 보인다.

인간의 가장 큰 두려움은 아마 '모르는 것들에 대한 두려움(Fear of the Unknown)'일 것이다. 이로 인한 스트레스로 발생하는 적응 장애(adjustment disorder)는, 그래서 정신 건강에서 가장 흔한 진단명 중 하나다. 그런데 가족을 잃거나 이혼, 실직, 질병, 요즘의 팬데믹 같은 힘든 상황에 적응하는 것뿐 아니라, 결혼, 취업, 임신, 은퇴, 이사 같이 설레는 상황조차도 왠지 우리를 두렵게 한다. 본성적으로 변화를 싫어하는 우리에게, 변화를 요구할 새로운 상황은 무엇이든지 두려울 수 있기 때문이다. 하지만, 용감하게 캠프파이어를 떠났을 때 만나게 된 사막 유목민들과의 축제는, 저자에게 영원히 잊을 수 없는 아름다운 밤으로 기억되었다.

넷플릭스의 Midnight Asia 1화에 나오는, 도쿄에서 식당을 운영하는 수미코 이와무로씨, 8년 전부터는 밤에 DJ 로도 일한다. 86세 그녀는 기네스북에 오른 세계 최고령 프로 클럽 DJ이다. 반짝이 쟈켓과 선글라스, 모자를 쓰고 테크노 음악에 맞춰 몸을 흔드시는 이 할머니, 캠프파이어 에서 걸어 나올 수 있으셨던 분!

새해가 밝았다. 올해는 호기 있게, 우리를 안주케 하는 캠프파이어에서 벗어나, 새로운 일, 새로운 곳, 새로운 인 간관계를 경험해 보자. 불 옆에서는 잘 안보이던 그 찬란 한 별빛이, 우리 가슴으로 마구마구 쏟아져 들어올지 누 가 알겠는가. 캠프파이어에 오래 붙어있으면 등산화만 태 울 뿐이다.

NO! 여기까지

요즘 두 살 먹은 챨리가 말이 한창 늘고 있다. 장난감 타일로 만든 집을 부순 후 엄숙한 얼굴로 내게, "다쉬 만듭씨다" 할 때는 정말 요절 복통이다. 데이케어 냉냉님(선생님)께 배운 말임이 틀림없다. 요새는 콩글리시에 빠졌다. "No 찡찡 to 엄마(엄마가 주문한 것 같다!)" "No 푸푸 to 기저귀"(잘 때만 차는 기저귀에 푸푸를 않겠다는 굳은 결심!) "No 때려 누나(이것은 나의 주문!)," 이렇게 챨리 두 살 인생에 "No" 시리즈가 늘어 간다.

사막을 건너는 마지막 방법 중 여섯 번째에는 유일하게 "No"가 들어간다. '허상의 국경에서 멈추지 말라' (Do not

말하지 않으면 알 수 없는 것들

stop at false borders). 『사막을 건너는 여섯 가지 방법(Shifting Sands)』의 저자 스티브 도나휴와 친구 탤리스는, 니제르로 넘어가는 국경이 다시 열렸다는 말에 트럭을 얻어 타고 니제르 국경을 향한다. 하지만 첫 번 도착한 국경에서 어느 여자가 부탁한 편지로 인해 보초에게 붙들린다. 머뭇거리며 위험에 빠질 찰나, 친구 탤리스의 급박한 외침에, 떠나려는 트럭을 간신히 잡아타고 진짜 니제르의 국경을 향해 가게 된다. 그가 멈출 뻔 했던 곳은 진짜가 아닌 허상의 국경이었음을 알게 된 순간이었다.

사막 같은 인생을 잘 건너기 위한 마지막 방법은, 실제가 아닌 국경에서 멈추지 않는 것이다. 허세 가득한 보초 때문에 머뭇거리며 붙잡혀 있지 않는 것이다. 인생이라는 여행에서 우리는 수없이 많은 국경과 보초를 마주하게 된다. 이별, 만남, 퇴직, 새로운 일, 투병, 새로운 공부 등이, 그 너머 무엇이 기다리고 있는지 몰라 불안하기만 한 새로운 국경이다. 이 국경에서 내 마음 속 보초는 이렇게 말한다. 과연 혼자 잘 할 수 있겠니? 너무 이기적인 결정 아닐까? 이제 와서 새로운 일을? 그러기에는 나이가 너무 많은 거 아냐? 여기까지인 거야! 그 앞에서 머뭇거리다 스스로 굿고 만들어 버린 허상의 국경에 갇혀버리기엔 삶의 모든 순간이 너무 소중하다.

65세 임기종 씨는 설악산 최후의 지게꾼이다. 마라토너가 꿈이었다. 아무리 뛰어도 숨이 가쁘지 않는 신체를 가지고 태어났다. 하지만 3일을 굶고 뛰니 별이 보였다. 16살 때부터 설악산에서 짐을 나르며 생활하다 첫눈에 반해 결혼한 아내는 지적장애인이다. 하나 뿐인 아들은 심한 자폐를 가지고 태어났다. 여기까지구나 하고 포기할 법도 한데, 그때부터 임기종 씨는 아들이 살고 있는 시설과 다른 장애인 기관들에 기부를 시작했다. 동네 노인들 효도 관광도 시켜드리고, 쌀과 라면도 정기적으로 갖다 드렸다. 이렇게 한 기부가 1억 원이 넘는다. 그의 꿈은 시설에 있는 아들을 데려와 함께 사는 것이다. 그러면서도 "없는 분"들 도와주고, 소년 소녀 가장들 장학금 주는 게 소원이란다. 158Cm 키에 60Kg 작은 체구로 130Kg짜리 냉장고까지 산으로 날랐던 임기종씨는, 설악산에서 차가 더 이상 못 들어가는 사인인 "여기까지"에서부터 빛나는 분이시다.

말하지 않으면 알 수 없는 것들

삶이 국경처럼 다가올 때, 멈추지 않고 이렇게 계속 나아가는 분들의 삶은 참으로 존경스럽다. 인생이라는 그 사막 길에서, 우리는 지금 어디에 서 있는 것일까? 허상의 국경에 붙들려, 여기까지인가 하며 머뭇거리고 있는 것은 아닐까? 챨리 표현으로, 'No 여기까지, Yes 이제부터다.' 무엇이 우리를 붙들던, 허상의 국경에 멈춰 서지 않는, 호기심에 찬 여행자의 자세로 한 번 살아볼 일이다!

Chapter 4

그래도 해야만하는
소통과 대화

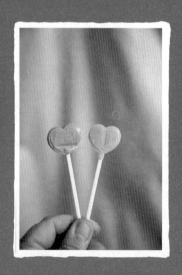

다섯 가지 사랑의 언어

　　　　　　　아무리 사랑을 주어도 상대방
이 느끼지 못하는 것처럼 슬픈 일은 없다. 이것은 서로가
사랑하는 방식과 사랑을 느끼는 방식이 다르기 때문에 생
긴다. 가족 상담가이며 많은 책을 저술한 개리 채프먼의
『다섯 가지 사랑의 언어』는 부모 자녀 사이든, 부부나 연인
사이든 각자 사랑을 표현하고 느끼는 방식을 말한다. 나의
사랑의 언어는 무엇인지, 내가 사랑하는 사람의 사랑의 언
어는 무엇인지를 알고 적절한 사랑의 언어로 사랑을 표현
하는 일이 중요하다.

　　첫 번째 사랑의 언어는 인정해주는 말, 사랑한다는 말
이다. 칭찬은 귀로 먹는 보약이라고 한다. 칭찬과 사랑의

말은 누구에게나 큰 힘이 된다. 링컨 같은 위대한 대통령도 한 시민이 보낸 감사와 칭찬의 편지를 일평생 주머니에 넣고 다녔다고 한다. 그래서 자녀에게도 5-3-1, 즉 다섯 번 지도하고, 3번 칭찬하고, 1번 꾸지람하는 것이 가장 좋다고 한다. 서로에게 사랑을 꼭 말로 표현해야 아느냐고 묻고 싶다면? 그렇다. 꼭 말로 표현해주어야 한다. 특히 아이들은 뭐든지 분명하게 말로 표현해주지 않으면 모를 수 있다. 말로 사랑을 표현하기 쑥스러우신 분? 요즘 기발한 이모티콘들이 아주 아주 많다. 말로 못하겠으면 이모티콘으로, 사랑한다고, 수고한다고, 감사하다고, 하루 한 번씩이라도 사랑을 표현해 주자.

두 번째 사랑의 언어는 함께 하는 시간이다. 바쁘다는 말을 입에 달고 사는 우리는 얼마나 사랑하는 사람들과 시간을 보내고 있는지? 함께 보낸 시간은 누구에게나 영원한 추억으로 남는다. 배우자나 아이들과 공원도 걷고, 영화도 보고, 짧은 여행도 좋을 것이다. 함께 시간을 보내는 것은 또한 대화한다는 것이다. 대화를 하려다 "대놓고 화를 내지" 않게 되기를 바란다. 통계적으로 고교생 3분의 2가 부모와 대화를 안 한다고 한다. 요즘같이 전화기를 손에서

말하지 않으면 알 수 없는 것들

놓지 못하는 세대에는, 함께 있어도 각자 컴퓨터나 스마트폰으로 시간을 보낸다면 함께 하는 것이 아니다. 눈을 마주치며 대화하고 무언가를 함께 하며 시간을 보내는 것이 사랑을 표현하는 것이다.

세 번째 사랑의 언어는 선물이다. 사랑하면 주고 싶다. 비싼 것만 선물이 아니다. 작은 깜짝 선물들은 사랑을 감동적으로 느끼게 해준다. 하지만 선물이 뇌물이 되어서는 안 된다. 상대와 함께 시간을 많이 보내지 못하는 것을 선물로 보상하려 해서는 안 될 것이다.

사랑의 네 번째 언어는 봉사다. 우리 부모들에게 아주 익숙한 사랑의 언어이다. 좋은 직업도 포기하고 이민 와 수고하는데, 알아주지 않고 엇나가는 자녀들을 보며 아주 섭섭해하는 한인 1세 부모님들이 많다. 하지만 대부분 부모들은 주된 사랑의 언어가 봉사인 반면, 심리치료 하면서 아이들 사랑의 언어를 알아보면, 뜻밖에도 봉사는 가장 마지막인 경우가 많다. 부모로서 자녀들을 위해 봉사하는 것은 당연하고, 아이들이 사랑을 느끼는 그들의 방법으로도 사랑을 소통하는 것이 중요하다.

마지막 사랑의 언어는 육체적 접촉이다. 특히 자녀들과

어릴 땐 자연스러웠던 육체 접촉이 커가면서는 소홀해진다. 하루 한 번이라도 아이들 머리를 쓰다듬어 주거나 볼에 입을 맞춰주거나 안아주시는 분? 처음에는 쑥스러워 물리쳐도 속으로 부모의 따뜻한 사랑을 흠뻑 느끼게 된다. 통계에 의하면 성폭행 피해자가 되는 아이들 많은 수가, 자라면서 부모와 따뜻한 신체적 접촉을 못 가졌던 아이들이라고 한다. 자, 이제 용기를 내서 아이들을 많이 안아주자.

내가 사랑하는 상대가 어떤 식으로 사랑을 느끼는지, 즉 사랑의 주 언어는 무엇인지 발견하는 것은 매우 중요하다. '다섯 가지 사랑의 언어'를 검색하면 사랑의 주 언어를 발견하는 설문지가 쉽게 나온다. 이번 주말에는 온 가족이 각자의 사랑의 언어를 발견하고 나누어보자. 아마 생각보다 달라서 많이 놀랄 것이다. 그리고 이제부터라도 상대가 느낄 수 있는 방법으로 사랑을 전달해서, 우리의 귀중한 사랑이 짝사랑이 되지 않기를 바라는 마음이다.

말하지 않으면 알 수 없는 것들

중년의 위기는 사랑의 언어로

　　　　　　　강철같던 남편이 갑자기 흐물
흐물해졌다. 새벽 기도를 위해 집을 나서면 종일 교회 일
로 저녁에야 집에 오던 사람이, 낮에 집에 가보면, 집에 와
침대에 가만히 누워 있다. 자세히 보면 눈물이 살짝 맺혀
있는 날도 있다. 와, 적응이 안 된다. 하루는 폐에 구멍이
뚫린 것 같다고 한다. 바람이 폐 속을 횡 뚫고 지나간다는
것이다. 당장 엑스레이를 찍었다. 아무 이상 없다고 한다.
그런데 왜? 도대체 왜? 심지어 이 사람 나에게, 당신은 너
무 사무적이라는 말을 어느 날 하고 만다. 아니, 이토록 헌
신적인 나의 사랑을 사무적이라고 하다니! 이렇게 변한 남
편에게 적응하느라, 다이어트로도 안 내려가던 몸무게가

15파운드나 빠졌던 그 해 여름, 45세 남편은 두 번째 사춘기, 중년의 위기를 겪고 있었다.

지금껏 앞만 보고 달려온 삶이 허무하고 회의가 든다고 했다. 목회에 문제가 생긴 것도 아니었다. 그래서 자신이 목사로서의 소명감에 문제가 생긴 것이 아닌가 많이 괴로워했다. 그러다가 여름이 끝나갈 무렵, 프린스턴 신학대학원에서 에릭 에릭슨(Erik Erickson)이라는 심리학자의 라이프 사이클(Life Cycle)에 대한 강의를 함께 듣게 되었다. 에릭 에릭슨은, 인간 발달 단계를 다섯 개로 나눈 프로이드와 달리, 인간의 사회심리 발달을 여덟 단계로 나누었다. 그중 40세에서 60세 정도를 중년으로 보는데 이 시기의 발달 과제인 생산성이 얻어지지 못하면 침체성이 생기게 된다고 보았다.

강의 중, 중년기에 겪는 정신적 위기 즉 미드 라이프 크라이시스(Midlife Crisis) 지점에 왔을 때, 우리는 서로의 얼굴을 바라보며 기가 막혀했다. 마치 우리 집에 몰래카메라를 설치한 것처럼, 교수님이 남편이 겪고 있던 모든 일들을 그대로 말하고 있었기 때문이다. 소명감에 문제가 생긴 것이 아니라, 그 나이면 생물학적으로 누구에게나 올 수

말하지 않으면 알 수 없는 것들

있는 중년의 위기 현상이었음을 알게 된 남편은 비로소 거기에서 벗어날 수 있었다.

그때쯤이었을 것이다. 내가 개리 채프맨(Gary Chapman)의 다섯 가지 사랑의 언어, 즉 사랑과 인정을 담은 말, 봉사, 육체적 접촉, 함께 하는 시간, 선물에 대해 알게 된 것이. 나의 사랑의 언어? 단연코 봉사와 선물이다. 누가 시간을 함께 보내주거나 육체적 접촉을 안 해도, 나를 위해 수고를 하거나 뭔가를 주면 난 그냥 사랑을 척 느껴버린다. 문제는, 나도 이 방식으로 남편을 사랑했다는 것에 있다. 할 수 있는 모든 것을 해주고 필요한 것을 채워주면서 금메달 내조라고 자부심을 가졌다. 그런데 왜 중년의 위기 시절 남편은 나의 사랑을 사무적이라고 느끼게 된 것일까? 남편의 사랑의 언어가 나와 달라도 너무나 달랐기 때문이었다.

남편의 사랑의 언어는 바로 사랑의 말, 함께 하는 시간과 육체적 접촉이었다. 나와 정반대였다. 남편은 내가 바쁘게 동동거리며 무엇을 해주는 것보다, 쉴 때면 나란히 누워 이야기도 하고, 같이 TV도 보고 그런 걸 원했다. 그런데

TV를, 특히 저녁에, 그것도 누워서 보면, 오, NO! 나는 5분 내 바로 혼수상태에 빠진다. 그러니 차라리 그 시간에 설교에 필요한 자료라도 정리해주고 셔츠라도 다리는 것이 내 사랑의 표현이었던 것이다. 그러나 남편의 사랑의 언어를 깨닫고부터는, 커피 마시고 졸린 눈을 까뒤집어가면서 함께 TV를 보았다. 남편이 부흥회라도 떠나면, 강아지가 티슈 박스 앞에 놓고 보고싶어 울고 있는, 이런 "아이 미스 유" 카드들을 속옷 사이사이 넣어 보냈다. 참고로 이런 카드 시중에 정말 많이 나와 있다. 말이 사랑의 주언어 중 하나인 남편이 매일 옷을 갈아입을 때마다, 나의 사랑의 고백에 엄청나게 감격했을 것임은 말할 필요가 없다

　　중년이 위기가 되는 것은 잘못하면 가정적으로 힘들어지기 때문이다. 중년이 되면서 밍밍해지는 부부 사이, 그러다가 함께 아이 낳고 살아온 아내가 왠지 멀게 느껴지고 서운하게 느껴진다면, 이때, 사춘기 소년처럼 새로운 사랑을 찾아 방황하다가 다른 스타일의 여성에게 끌리기라도 한다면 정말 큰 일이다. 자칫 불륜에 빠져 가정이 깨질 수도 있다. 통계적으로 이혼이 가장 많은 시기도 이때라고 하니 말이다.

이제부터 할 일은 나의 사랑의 언어를 고집하지 않는 것이다. 내 스타일로 아무리 사랑을 주어도 상대에게 전달되지 않는다면 엄청난 낭비고 비극이다. 내게 익숙한 스타일보다는 상대에게 팍 꽂힐 수 있는 방식으로, 상대방의 사랑의 언어로 정확하고 화끈하게 사랑을 표현해주자. 중년의 위기는 사랑의 언어로 극복할 수 있다.

원수 되는 대화

자녀들이 서른, 마흔 심지어 쉰이 넘도록 결혼을 안 하는 만혼, 비혼 시대가 되어 부모님들의 걱정이 하늘을 찌른다. 얼마 전에는 그런 자녀를 둔 애가 타는 부모님들 동아리로부터 강의 요청을 받은 적도 있다. 얼마 전 한국에서 방송국 연말 연예 대상에서 '미운 우리 새끼(미우새)'라는 나이 든 싱글 연예인 어머니들이 나오는 프로가 연예 대상을 탔다. 그런데 요즘은 자녀가 결혼했다고 걱정 뚝도 아닌 것이, 이혼율이 50퍼센트에 도달하다 보니 이혼하지 말고 잘 살아야 할 텐데 하는 걱정이 곧바로 이어진다는 것이다.

미국 심리학자 존 가트맨 교수는 어릴 적에 심한 왕따

를 당하며 자랐다. 간신히 결혼을 했으나 두 번이나 이혼의 아픔을 겪었다. 다시 재혼하고 싶었지만, 상대를 쉽게 찾을 수 없다가 같은 처지의 수학과 여교수와 친하게 되었다. 이 두 학자는 결혼에 한이 맺히다 보니, 어떤 부부가 잘 살고 어떤 부부는 헤어지게 되는가에 대해 연구를 하게 되었다. 그러면서 이혼의 이유를 흔히 성격 차이, 시댁 혹은 처가와의 갈등, 경제문제, 외도, 폭력, 중독 때문이라고 말은 하지만, 실제로는 싸움의 내용보다는 싸울 때 사용하는 대화의 방식 때문에 결국은 파국에 이르게 된다는 것을 알게 되었다.

이들은 거의 50년 가까이 3천 쌍에 이르는 부부를 연구했다. 과학자인 만큼, 연구에 지원한 부부들의 생활 모습을 비디오로 녹화하여 결과를 분석했다. 특히 부부싸움 할 때 부부의 대화 내용, 억양, 어조, 얼굴 표정, 몸자세, 심지어 혈압과 맥박까지 관찰하여 분석한 것으로 유명하다. 그러면서 이들은 결혼도 과학이라는 놀라운 사실을 알게 되었다. 그가 찾아낸 네 가지 대화 방식, "비난, 방어, 경멸, 담쌓기"로 싸움하는 부부의 94퍼센트가 이혼으로 가더라는 것이었다. 부부관계를 망치고 파국으로 치닫게 하는 이 네 가지 부정적인 표현 방식을 그는 원수되는 대화라고 부른다. 이에 대해 몇 번에 나누어 소개하려고 한다. 그만큼 중요하기 때문이다.

첫 번째 원수되게 하는 대화 스타일은 비난(criticism) 혹은 비판이다. 이혼으로 가게 하는 첫 번째 지름길이다. 비난은 불평(complaint)과는 다르다. 불평이 특정 행동에 대한 것이라면, 비난은 상대방의 인격이나 성격을 공격하는 것이다. 예를 들어, "아이고, 쓰레기가 아직 여기 있네" 하는 것은 흔히 할 수 있는 불평이다. "여보, 이것 좀 지금 내놔 줄 수 있어요?" 하면 남편은 감정 상하는 일 없이 "아, 깜빡했네" 하면서 해줄 수 있는 일이다. 그런데, "당신은 어떻게 쓰레기를 한 번도 제대로 내놓질 않아? 내가 꼭 몇 번씩 말해야 해?"하는 것은 남편이 인격적으로나 성격상에 문제가 있는 사람이라는 인신공격으로 들리게 된다. "당신은 도대체 왜 일을 이따위로 해?" "당신이 항상 그렇지 뭐!" 이런 공격을 받으면 여자든 남자든 당연히 좋은 반응이 나올 리가 없다.

부부 상담하다 보면, 처음에는 불평하다가 감정이 격해

말하지 않으면 알 수 없는 것들

지면서 비난으로 변한다고들 한다. 그렇게 되지 않기 위해서 가장 중요한 것이 있다. 배우자를 비판 혹은 비난하고 싶을 때 바로 말하지 말고 잠깐 멈추는 것이다. 그리고 나한테 지금 거슬리는 것이 무엇인지를 생각한다. 그러면서 비난을 불평으로 바꾸어 말하자. 여자들을 짜증 제대로 나게 하는 뒤집어진 양말이 방구석에 보인다. "당신은 왜 늘 양말을 뒤집어서 벗어놓는 거야" "당신은 눈이 없어? 빨래통이 안 보여요?" 이런 말이 목구멍까지 올라온다. 하지만 잠깐 멈추고 더 나은 반쪽인 우리 여자들이 5초라도 도를 닦는다. 그리고 이렇게 말한다. "양말을 제대로 벗어봐 주면 좋겠어." "빨래는 빨래통에 넣어주면 와이프 인생에 도움이 될 텐데". "어떻게 된 사람이 항상 주말마다 골프를 나가요? 당신에겐 가족이 안중에도 없지" 이렇게 공격하는 대신, "이번 주말에는 아이들과 어디든 갔으면 좋겠어요. 우리 예쁜 강아지들(애들)이 아빠랑 시간을 보내고 싶어 해요" 이렇게 원하는 것을 말하면 가정이 한결 부드러워진다.

그러니까 비난을 불평과 건의로 바꾸는 비결은, 보고 떠오르는 대로 다 말하지 말고 이렇게 한 번 걸러서 말하는 것이다. 집 밖에서 우리는 말을 매우 조심한다, 밖에서 하고 싶은 말을 다 하고 사는 사람은 없을 것이다. 예를 들어 상사로부터 무리한 요구를 받았다. 그렇다고 바로 상사 사무실 문을 박차고 들어가 따지는 사람은 없을 것이다. 상사의 무엇이 부당한지 잘 생각해본 후에, 상사가 기분 안 나쁘게 의사를 표현할 것이다. 그런데 인생에서 가장 소중한 배우자에게는 거르지 않고 무차별 비난을 퍼붓게 된다면 너무 안타까운 일이다. 즉 부부 사이에 "You"에 대한 비난을 그치고 "I"(내)가 원하는 것을 말하는 연습이 결혼생활을 지킨다는 것이다.

두 번째 원수 되는 대화의 패턴은 "경멸(contempt)"이다. 50년 가까운 가트 맨 박사 연구 결과에 의하면 네 가지 부정적 대화 중 가장 나쁘며 이혼의 가장 큰 예측 변수가 되는 것이 바로 경멸이라고 한다. 또한 경멸의 말을 하거나 듣고 사는 사람은 그렇지 않은 사람보다 질병 발생률까지 40배가 많다고 하니 참으로 천하에 몹쓸 것이 바로 경멸적 대화인 것 같다.

"주제 파악 좀 해" "그 몸에(얼굴에) 그 옷이 어울린다고 생각해?" "흥, 내 그렇게 될 줄 알았지!" "구제 불능이야." 등

등, 가까운 사이이기에 무심코 던질 수 있는 말들이 서로에게 무서운 상처가 된다. 상처가 되는 이유는 한쪽이 다른 쪽보다 더 우월하다는 가정 아래서 나오는 것이 경멸이기 때문이다. 그런데, 우리의 대화에서 말 자체는 겨우 7퍼센트를 차지하고 38퍼센트가 어조, 55퍼센트가 행동임을 기억한다면, 어쩌면 경멸적인 어조(말투)나 행동을 더 조심해야 할지 모르겠다. 즉 빈정대는 어조, 적대적인 농담이나, 어이없다는 듯이 눈을 굴리는 것 같은 행동이 더 크게 경멸을 전달한다고 가트맨 박사는 말한다.

경멸의 해독제는 그럼 무엇일까? 비판과 마찬가지로, 배우자의 잘못에 대해 경멸의 어조로 말을 던지고 경멸적 행동을 하는 대신, 자신의 느낌을 말하는 것이다. 그리고 비웃는 대신 필요한 것을 말하는 습관을 기르면 경멸을 막을수 있다. "당신한테는 그 옷보다는 이 옷이 더 어울릴 것 같은데" "내 생각에 이 일 때문에 당신이 좀 힘들어질 거 같아 걱정돼요" 등 자신의 감정을 말하는 것이 좋다. 생각해볼 것은, 상대방이 별로 소중히 여겨지지 않고 존중이 줄어들었을 때 경멸의 말이 나온다는 것이다. 경멸 대신 이제부터는 매일 한 가지씩이라도 감사의 말을 해보자. "오늘도 가족을 위해 힘들게 일하고 와주어 고마워요," "맛있는 찌개를 끓여주어 고맙네," 이런 감사가 오고 갈 때 경멸은 사라지고 상대의 소중함이 더 느껴진다.

세 번째로 원수 되는 대화는 방어(defensiveness)다. "나를 이렇게 만든 게 누군데?" "당신이 먼저 그랬잖아?" "내가 원래 이랬어? 당신 때문에 내가 요 모양 요 꼴이 됐어" "그러는 당신은 뭘 잘했는데?"등의 말이다. 공격을 받을 때 방어는 자연스러운 행동이다. 하지만 자신을 방어하기에 급급하여 상대방에게 원인을 돌리는 방어적 대화는 부부관계를 파국으로 이끌게 된다.

방어의 해독제는 배우자의 말에 대해 조금이라도 동의할 수 있는 것을 찾아 공감하고, 상대방을 끌어들이는 대신 자신의 책임을 인정하는 것이다. "내가 화를 내게 만드는 게 누군데?" 하는 물귀신 작전 대신, 심호흡을 한 번 하고 "내가 요즘 화를 좀 많이 내긴 하는 거 같아요. 그런데 당신이 열두 시 다 되서 들어올 때마다 나도 모르게 화를 내게 돼요." 이렇게 말해보자. 상대방도 최소한의 양심이 있다면 미안해지지 않을까?

말하지 않으면 알 수 없는 것들

마지막 원수 되는 유형은 담쌓기(stonewalling)다. 말수가 여자보다 적은 남자들 중에 많이 볼 수 있다. 담쌓기는 요즘 말로 상대를 투명 인간, 유령 취급하는 것이다. 상대방이 말하는데 방으로 들어가 버린다든지, 같은 공간에 있더라도 상대의 말에 반응을 안 하는 것이다. 문제를 마주하는 대신 배우자로부터 등을 돌리는 것이다. 사랑해서 결혼한 배우자와 대화 없이 살아가는 부부를 정말 많이 본다. 아이들 결혼시킬 때까지만 참고 살겠다며 한 지붕 아래서 두꺼운 담을 쌓고 사는, 이름만 부부인 커플들을 보면 너무 안타깝다.

담쌓기의 해독제는 쉬었다가 이야기하는 것이다. 대화 중 압도되거나 감정적으로 집중할 수 없게 될 때, 담을 쌓고 돌아앉는 대신, 잠깐 대화를 쉬는 것이 좋다. 사인을 주는 말로 "타임 아웃"이라고 외쳐도 좋겠다. 이때 최소한 20분 이상은 쉴 것을 권한다. 심호흡을 하거나 나가서 걸으며 스스로를 진정시킨 후 대화를 재시도하면, 담을 안 쌓고 문제를 해결할 수 있다.

죽도록 사랑해서 결혼한 내 자기가 어쩌다 나의 비난, 경멸, 방어, 담쌓기의 대상이 되었는지. 원수가 되는 네 가지 대화를 버리자. 삶은 결국 당신이 뱉는 말이다. 긍정적 대화가 결혼생활을 살린다.

코식이

코식이는 용인 에버랜드에 사는 스물 여덟살 된 아시아 코끼리다. 서울 대공원에서 태어나 세살 때 에버랜드로 왔다. 지금 한창 청년기인 코식이는 최근 열 한살 연하 하티와 결혼도 했다. 그런데 몸무게가 5톤이나 되는 이 코식이가 말을 한다. 이게 무슨 만화영화 같은 이야기인가 하겠지만 사실이다. 그래서 코식이는 한국에서 유명하다. 그를 소재로 한 동화책도 나오고, TV 런닝맨에도 나왔다.

코식이가 말을 하게된 것은 그의 아버지 김종갑 사육사 때문이다. 어려서부터 동물에 대한 관심이 많았던 그는 특히 코끼리에 관심이 많았다. 1986년 자연농원에 입사해 체력이 필수인 사육사의 혹독한 훈련을 견뎌냈다. 그러다 1993년, 당시 세살이었던 새끼 코끼리 코식이를 담당 사육사로 처음 만나게 되었다. 어려서부터 바라던 코끼리 담당 사육사가 된 그는 너무도 기뻤다. 엄마 품을 떠나 불안해하는 새끼 코끼리 코식이를 더 알기 위해 침낭을 구해와 코식이랑 먹고 자기로 했다. 신혼의 아내와 손주를 기다리는 부모님께도 이해를 구했다. 함께 먹고 자면서, 코식이가 새벽 1시에야 자고 5시면 일어나는 부지런한 동물임을 알았다. 잘 때 코를 둘둘 말고 잔다는 것도, 때로는 코를 곤다는 것도 배웠다. 코식이와 함께 먹고 함께 자면서, 이 둘은 떼려야 뗄 수 없는 사이가 되었다. 코식이는 서서히 코로 애정을 표현하고 김 사육사와 장난도 쳤다.

그러던 어느 날, 코식이가 우웅 소리를 내기 시작했다. 얼핏 들으면 사람이 고함치는 소리 같았다. 그러더니 2006년쯤부터는 김 사육사가 하는 말을 따라 하기 시작했다. 매일 그가 만져주고 씻겨줄 때마다 "코식아, 좋아?"하고 묻곤 했는데, 코식이가 그 소리를 따라서 "좋아"라고 한 것이었다.

말하지 않으면 알 수 없는 것들

지금은 그 외에도 "안녕, 누워, 아직, 아니야!" 등 6~7단어를 구사한다고 하니 놀랄 일이 아닐 수 없다.

윗입술이 코와 합쳐 긴 코가 된 구조상 코끼리는 인간의 언어를 할 수 없게 되어있다. 그러나 코식이는 코를 입속에 말아넣어 성대에 바람을 불어넣고, 입술로 바람의 강도를 조절하여 말을 흉내 낸다. 2010년부터 세계 동물학자들이 정밀 관찰한 결과, 코식이가 사람의 말을 따라 할 때는 코끼리들의 저주파와는 아주 다른 주파수를 사용하는데, 이것이 사육사의 음성 주파수와 거의 일치한다는 것을 알아냈다. 그리고 이것이 코식이가 사육사와 친해지고 싶어서 나온 결과임이 밝혀졌다. 2017년에는 세상에서 유일하게 말하는 코끼리, 코식이의 이야기가 전 세계 10위 안에 드는 저명한 학술지 "커런트 바이올로지"에도 실리게 되었다.

한 인터뷰에서, 처음 본 코식이를 김종갑 사육사는 이렇게 말했다. "코끼리 치고는 눈이 컸는데, 긴장해서 그런지 충혈되었더라고요. 많이 불안해하는 느낌이었어요. 부모를 떠나 낯선 곳에 왔으니 그랬겠죠. 거기다 코식이는 겁이 많고 소심했어요. 키 2m의 코식이가 그땐 너무 작아 보였어요." 코식이에 대한 애정과 관심이 낱낱이 묻어나는 관찰이 아닐 수 없다.

코식이는 세상에서 가장 행복한 코끼리다. 김종갑 사육사 같은 아버지가 있으니 말이다. 코식이를 보면서, 한 지붕 아래 있어도 단절된 관계로 살아온 지가 너무 오래되어, 이제 함께 있으면 오히려 불편하다는 아이들과 부모들의 모습이 자꾸 떠오른다. 사랑해주면, 관심을 주면, 코끼리도 말을 하는데, 화려한 어휘를 가진 우리 인간들은 가장 사랑하는 사람들과 대화의 단절을 겪는다. 김 사육사는 직업으로 주어진 코끼리를 잘 알고 친해지기 위해 신혼도 포기했는데, 하늘이 우리에게 맡겨준 귀한 우리 아이들을 잘 알고 친해지기 위해 우리는 무엇을 포기했을까. 그가 매일 지극한 정성과 관심으로 코식이를 관찰하고 돌보듯, 우리는 우리 아이들을 정성으로 관찰하고 사랑을 보여주었는지 생각해보게 된다.

워낙 어려서부터 생각과 걱정이 많은 우리 아이, 혹시

말하지 않으면 알 수 없는 것들

불안이나 우울함에 시달리지는 않는지, 악몽을 꾸지는 않는지, 아픈 데는 없는지, 눈빛은 어떤지 살펴볼 일이다. 질풍노도의 사춘기 우리 아이, 모든 것을 혼란스러워하고 있지 않은지, 원하는 성적이 안 나와 스트레스받고 있진 않은지, 이야기해볼 일이다. 중2병 우리 아이, 혹 완전히 왕따 당하고 있지는 않은지, 친구 관계로 고민하는 건 아닌지 물어보아야 한다. 잘할 수 있다고 믿어주고, 잘될 거라고 힘을 주어야 한다. 매일 매일 이렇게 사랑과 관심을 소통해야 한다.

학교 성적표와 결석 숫자로 아이의 모든 것을 알고 있다고 생각하는 부모들이 있다면, 코식이 변의 개수까지 세는 코식이 아버지 김 사육사에게 배울 일이다. 사랑은 코끼리도 말하게 한다.

이모티콘의 여왕

          2012년 봄, 스마트폰을 구매했다. 나와 문자하기 힘들다고, 빨리 스마트폰 사서 카카오톡 하자고, 주위에서 성화를 해도 버텼는데, 어느 날 대학원 수업을 들으러 먼 거리를 갔다 바람을 맞았다. 교수가 갑자기 휴강 이메일을 보낸 것을, 수시로 체크할 수 있는 스마트폰이 없는 나만 몰랐던 것이다. 홧김에 스마트폰을 산 이후, 가장 애용하는 앱 중의 하나는 카카오톡이다. 카톡은 세계 어디서든 와이파이만 있으면 무료로 문자와 통화가 되고 쉽게 사진 등을 주고받을 수 있어 좋다.

    카톡의 재미 중 하나는 이모티콘이다. 다른 문자나 전화 앱과 비교가 안 될 정도로 카톡에는 이모티콘이 풍성하다.

말하지 않으면 알 수 없는 것들

처음에 이모티콘이 어디 있는지도 몰랐던 내가 이제는 이모티콘의 찐 팬이 되었다. 미안할 때, 무안할 때, 기분이 안 좋을때나 좋을 때, 사랑한다고 말하고 싶을 때, 고마울 때, 위로해주고 싶을 때, 또는 위로받고 싶을 때, 힘내라고 하고 싶을 때, 평안한 밤을 빌어주고 싶을 때, 때로는 적절한 이모티콘 하나가 백 마디 말보다 내 마음을 잘 전달해주기 때문이다.

특히 사랑한다는 말을 잘하지 못하는 사람들에게 이모티콘은 가히 천상의 선물이 아닐 수 없다. 상담 오시는 부모는 대부분 엄마들이다. 그러다 간혹 아버지들이 오시면 왠지 신이 난다. 엄마하고는 그나마 대화도 좀 하고 그러지만, 아빠하고는 대화가 더 안 되는 아이들이 많다. 그러다 보니 아빠와 더 힘든 관계가 되거나 아니면 관계가 아예 없는 아이들을 종종 본다. 그래서 사실은 아버지들의 상담이 더 많이 필요하다. 용기를 내서 찾아오신 이 아빠들이 나는 얼마나 기특하고 사랑스러운지.

이 아빠들에게 얼마나 아이들이나 아내에게 사랑을 표현하느냐고 묻는다. 표현해본 분이 거의 없다. 아니 내가 얼마나 가족들을 위해 애쓰는지, 보면 알지 그걸 꼭 말로 해야 아느냐고 오히려 되물으시는 이 천진하신 아빠들에게 나는 확신을 가지고 대답한다. 그렇다고, 사랑은 꼭 표현해야 상대방이 알 수 있다고.

사랑한다는 말을 차마 어색해서 어떻게 하냐고 하시는 아빠들에게, 숙제를 드린다. 사랑을 표현하라는 숙제다. 말로 못하겠으면 문자와 이모티콘을 쓰라고. 이번 주 딸에게, 아들에게, 아내에게 사랑한다는 이모티콘을 하루에 한 번씩 보내라고. 이모티콘을 한 번도 안 써본 이 아빠들에게 기본적으로 카톡에 깔려있는 이모티콘들을 알려주고 이모티콘을 통한 사랑 표현을 숙제로 내준다. 다음 주에 검사를 하겠다고 살짝 으름장까지 놓는다. 오랜 기간 교사였던 직업병이다.

두근두근, 다음 주에 기대를 하고 만났다. 한 분이 실망스러운 얼굴로 말씀하신다. 딸에게 사랑한다는 이모티콘을 보냈는데도 아이가 아무 반응이 없다고. 전화기를 열어 보니 개인 카톡으로 보낸 것이 아니라, 세상에, 가족 단톡방으로 보냈다. 헐~ 그러니 그 딸이 왜 반응을 하겠는가 말이다. 다른 한 분은 더 혼란스러운 얼굴로 말씀하신다. 처음으로 아내에게 하트를 보냈는데, 아내가 더 화를 내더라는 것이다.

말하지 않으면 알 수 없는 것들

자세히 보니 잘못 눌러서 '깨진' 하트가 보내졌다고! 아내가 노발대발했을 것은 당연하다. 아, 남자들이란!

하지만 이것은 처음의 실수였을 뿐, 전에 없이 이모티콘을 써서 계속 사랑한다는 표현을 해오는 아버지를, 남편을, 자녀와 아내는 점점 더 사랑하게 되고 그들 사이의 관계는 매우 부드럽게 되었다는 행복한 후기를 전해드린다. 요즘 사랑의 메신저는 큐피드가 아니라 이모티콘이다. 사랑하는 가족이나 친지들에게 말로 하기 힘든 이 사랑 표현, 이모티콘으로 하면 된다. 말보다 더 찐한 사랑이 전해진다.

요즘 정말 기발하고 재미있는 이모티콘들이 많다. 얼마 전 대학을 졸업한 제자의 취업을 위해 추천서를 써줬더니 고맙다고 "YOHA" 이모티콘 한 세트를 보내주었는데 얼마나 즐겨 쓰는지 모른다. 사랑한다는 표현은 기본이고, "콜" "엄지 척척" "최고" "감사함다" "요래요래 힘내봐봐" 이런 것들과, "아이고 골치야" "그 입 다물라" "체력이 예전 같지 않네" "헐" "손가락 부러졌냐고" "눈물을 거두시게" "똑땅해" 등등도 있다. 격하게 편들어주고 싶을 때는 "쥐패불까" 가 아주 그만이다. 캐릭터의 웨이브가 전반적으로 좀 격해서 이 나이에 약간 민망하다 싶긴 해도, 감정을 유머 있게 표현하는 데는 그만이다.

　얼마 전 뜬금없이 친지들에게 재밌는 이모티콘들을 보냈다. 내 카톡에서 상대방 카톡으로 간단하게 직접 보낼 수 있고, 가격은 "거금" 3불 미만이니 부담없이 많은 사람에게 쏘아줄 수 있다. 갑자기 내 이모티콘 선물을 받은 사람들이 우울하다가 그걸 열어보고 깔깔 웃으며 즐거워했다니, 요즘같이 웃을 일 없는 세상에 뭔가 좋은 일 하나 한 듯싶은 하루다.

뇌가 기억한다

평소 뇌에 관심이 많은 나는, 얼마 전 장동선 뇌과학 박사가 출연한 "세바시" 강연에서 흥미로운 말을 들었다. 듣는 말을 우리 뇌가 얼마나 오래 기억하는지, 그리고 어떤 영향을 끼치는지에 대한 것이었다.

2014년, 중국계 프랑스인 중 어려서부터 2개 국어를 듣고 자란 사람들과. 태어나자마자 중국에서 입양되어 프랑스어만 하고 자란 사람들에 대한 연구가 있었다. 이 두 그룹에 중국어를 들려주었을 때의 뇌 반응을 촬영했는데, 놀랍게도 그들의 뇌 반응은 비슷하다 못해 거의 일치했다. 사진을 겹쳐 보니 정말 동일했다. 엄마 뱃속에서나 들었을 까마득한 중국어의 기억이 성인이 되어서도 남아있다니!

흥미롭다 못해 충격적이었다.

이분에 의하면, 우리가 어떤 스토리나 말을 들을 때, 우리 뇌에서는 전두엽이라는 부위가 활성화된다. 전두엽은 뇌의 가장 앞부분, 우리 이마 바로 뒤에 있다. 그중에서도 전전두엽(prefrontal cortex)을 우리가 뇌의 CEO라고 부르는 이유는, 이 부위가 우리의 사고, 추리, 계획, 문제 해결, 인격, 통찰, 인지 같은 고등 정신작용을 하는 곳이기 때문이다.

이 전전두엽은 감정을 관장하는 변연계와도 깊이 연결되어있다. 그래서 듣는 스토리가 우리에게 감동이 되고 교훈으로 받아들여질 때, 거기서 도파민이 나온다고 한다. 도파민은 기쁨과 학습 효과를 발생시키는 바로 그 신경 전달 물질이다. 그러면서, 우리는 그 스토리에 감정 이입을 하게 되고, 미러링이나 뉴럴커플링(신경망)을 통해 우리가 들은 말들은 우리 삶에 큰 영향을 끼치게 된다고 한다. 한 마디로, 우리는 듣는 대로 된다는 것이다.

듣는 스토리대로 아이들이 만들어져 간다는 것은, 우리 부모들이 꼭 기억해야 할 얼마나 엄중한 사실인지. 그래서 나는 힘들어진 아이들을 상담할 때 부모님들에게 부탁, 아니 아주 애원을 한다. 제발 이 아이들을 공주병, 왕자병 중

환자로 만들어달라고. 자라면서 자존감이 바닥으로 내려가 힘들어진 아이들에게는 이 처방이 특효약이다. 다른 사람도 배려할 줄 알면서 자존감도 든든한 착한 공주, 착한 왕자, 얼마든지 만들 수 있다. 우리가 기대하고 들려주는 말 한마디가 아이의 뇌에 각인되어 인생을 바꾼다.

강의에 인용한 쥐들의 미로 테스트나 아이들의 학습효과 테스트에서도, 거짓으로 더 똑똑한 그룹이라고 조교나 교사들에게 말해준 그룹이 좀 덜 똑똑한 그룹이라고 말해준 그룹보다 훨씬 월등한 성적을 발휘했다. 사실은 무작위로 추출된 대상들이었지만, 기대치에 따라 이렇게 달라진 것이다. 상대방에 대해 어떤 기대를 하고 어떤 스토리를 말해주는지가 이만큼 중요하다.

아이들과 종일 함께 북적대는 요즘이다. 예약 없이 만나 뵈옵기란 하늘에 별따기였던 우리 도도하신 미혼 성인 자녀들도, 요즘 얌전히 집에 돌아와 재택 수업, 재택근무 중이시다. 수없이 용안을 마주친다. 어떤 기대를 주며, 어떤 이야기들을 서로에게 들려주며 살아갈까. 엄마 아빠가 살아온 이야기를 해줄 수 있는 기회, 몰랐던 아이의 힘듦과 마주할 수 있는 기회, 서로에게 용기를 주고 위로를 주는 이야기들이 오갔으면 정말 좋겠다.

팬데믹으로 어른도 아이도 지친 가운데, 새해가 밝았다. 우리는 올 한 해 어떤 말을 들으며, 또 해주며 살아가게 될까를 생각해보는 새해 첫 주다.

Chapter 5

부모의 삶이란

흔들리지 않는 활

요즘 내 금요 북클럽에서는
『The Color of Water』(한국명: 컬러 오브 워터)라는 책을 읽
고 있다. 흑인인 저자 James McBride가 자신의 백인 엄마
Ruth에게 바치는 자전적 에세이다. 그의 엄마는 유대교
랍비였던 아버지의 성폭행과 학대 끝에 뉴욕으로 와 할렘
가에서 흑인 목사와 결혼한다. 두 번이나 남편을 잃는 고
난과 평생의 가난 속에도, 교육과 신앙 두 기둥으로 아이
들을 양육해, 열두 명이나 되는 아이들이 다 대학 혹은 대
학원까지 마치고 의사, 교사, 교수 등 전문인이 되었다. 엄
마는 아이들을 늘 장학금 주는 먼 학교로 밀어 보냈다. 그
리고 아이들이 떠날 때, 앞에서는 절대 눈물을 보이지 않

았다.

저자 제임스가 대학으로 떠나던 날, 형들 쓰던 낡은 가방을 들고 그레이하운드에 오르는 그에게, 엄마는 꼬깃꼬깃한 지폐와 동전을 손에 쥐어준다. 단돈 14불, 엄마 가진 돈 전부다. 애써 눈물을 참는 제임스 눈에, 코트 주머니에 두 손을 찔러넣고 입술을 쫑긋쫑긋하며 인상을 쓴 채 정류장 앞길을 빠르게 왔다 갔다 하는 엄마가 보인다. 그래도 안 우시니 다행이다 생각하며 출발한 버스가 코너를 돌 때 다시 보이는 엄마의 얼굴. 아들 앞에서 참았다가 비로소 담벼락에 기대어 오열하는, 눈물로 얼룩진 엄마의 얼굴이다.

와, 난 이 쿨한 엄마와 완전 반대다. 일단, 아들만 둘인 내게 둘째는 어려서부터 딸처럼 곰살맞은 존재였는데, 이 아이가 카운슬러에게, 최소 여섯 시간 거리 대학으로 가고 싶다고 했다는 말을 들었을 때, 나 바로 배신감 느꼈다. 흠, 그래, 멀리 가거라 아들, 이래야 하는데, 나 완전히 치를 떨었다는 사실! 기어코, 가까운 대학의 좋은 조건을 거절하고, 비행기로 여섯 시간 걸리는 학교로 정하신 나의 차남!

멀고 먼 샌프란시스코 UC 버클리 기숙사에 내려주고 돌아오던 날, 공항 가기 전 차에 함께 앉아, 아들아, 엄마가 기도해줄게 하고는 눈물이 나 기도를 할 수가 없었다. Ruth 언니, 미안해요. 나 왜 이리 찌질한가요. 결국 아들이, "아이고 하나님, 우리 엄마 좀 울지 말게 해주시고요 뉴저지 잘 돌아가게 해주세요"라고 기도를 했다. 뭔가 소중한 보배 하나를 떨어뜨려 놓고 가는 듯한 허전함에, 공항 가는 내내 울었던 기억. 개학을 하고, 동료 선생님들에게 이 이야길 했다. 듣고 있는 선생님들이 다 눈물이 글썽글썽해진다. 자기 아이들 대학 갈 때 다 그런 마음이었던 거다!

여름이다. 아이들이 떠나간다. 대학으로, 첫 직장으로, 새로운 일을 찾아, 가정을 이루어, 이 넓은 미국 땅 곳곳으로 마구마구 떠나간다. 아이들은 떠나기 위해 자라고, 부모들은 보내기 위해 키운다. 부모님을 떠나온 우리가, 이제 아이들을 미래를 향해 떠나보낸다. 칼릴 지브란의 『예언자』에 나오는 "자녀들에 대한 시" 구절을 자꾸 마음에 새겨보는 요즘이다.

"그대의 아이는 그대의 아이가 아니다.

아이들은 스스로 자신의 삶을 갈망하는 큰 생명의 아들딸이니

그들은 그대를 거쳐서 왔을 뿐 그대로부터 온 것이 아니다.

(중략)

그대는 활, 그리고 그대의 아이들은 마치 살아있는 화살처럼

그대로부터 쏘아져 앞으로 나아간다.

그리하여 활 쏘는 자인 신은 무한의 길 위에 과녁을 겨누고

자신의 화살이 보다 빨리, 더욱 멀리 날아가도록 온 힘을 다해

그대를 당겨 구부리는 것이다.

그대는 활 쏘는 이의 손에 의해 구부러짐을 기뻐하라

그는 날아가는 화살을 사랑하는 만큼

흔들리지 않는 활 또한 사랑하기에."

말하지 않으면 알 수 없는 것들

엄마라는 병

　　내 주변에는 유난히 7월 생일이 많다. 언니, 오빠, 아들, 조카, 그리고 지금은 곁에 안 계신 엄마의 생일까지. 명절마다 몹시도 그리운 엄마, 생신이 들어 있는 7월이 되니 더욱 보고 싶다. 엄마 계실 때 태어난 손녀 엘레노어, 요즘 눈뜨면서부터 노래를 하고 춤을 추고 한창 말을 배운다. 또 우주 소년 아톰을 닮은 귀여운 번개돌이 찰스까지, 손주 아가들이 예쁜 짓을 할 때마다 엄마에게 보여드리고 싶어 나는 몸살이 난다.

　　엄마라는 존재는 하나님이 이 땅을 살아가는 우리에게 보내주신 천사라고 하지. 사랑이라는 말과 가장 많이 닮아 있는 이 엄마라는 단어는 그래서 들을 때마다 눈가를 촉촉하게 한다. 자식을 향한, 그 늘 아리고 힘든 마음을 알기 때문이다. 엄마로 살아간다는 것은 어쩌면 하나의 정신병이다. 앗, 나보고 정신병자라니. 많은 엄마들의 황당한 얼굴이 떠오른다. 하지만, 이것은 내 말이 아니다.

작년에, 우연히 "Hustlers"라는 영화를 보게 되었다. 뉴욕 유명 나이트클럽 허슬러를 배경으로 한 실화에 바탕을 둔 영화이다. 크레이지 리치 아시안이라는 영화의 여주인공 콘스탄스 우는 처음에는 할머니를 돌보기 위해, 나중에는 우연히 임신하게 된 딸과의 생계를 위해 스트립 쇼의 세계에 뛰어들게 된다. 거기에서 그 세계의 거물이자, 또한 딸 하나를 키우는 싱글맘 제니퍼 로페즈의 도움을 받게 된다. 나중에 이들이 서브프라임 사태로 클럽이 어려워지자 월가의 남자들을 술과 마약으로 취하게 한 후 크레딧 카드로 돈을 빼내다가 경찰에 걸리게 되는 일종의 범죄 영화이다.

엄청난 노출 신에다가 사기성 범죄 내용이 담긴 영화였지만, 왠지 영화 내내 나의 눈길을 끈 것은 이들 스트리퍼 언

말하지 않으면 알 수 없는 것들

니들 사이의 끈끈한 우정과 싱글 맘으로서의 헌신적 모성애였다. 영화가 끝나고도 내 머릿속에는 제니퍼 로페즈가 콘스탄스 우에게 한숨을 쉬며 한 이 말이 맴돌았으니 말이다. "Motherhood is a mental illness." "모성애는 정신병이야."

내가 상담하는 엄마들, 대부분이 아이들 때문에 마음의 병이 생겼다. 힘들어하는 아이들을 보면서 엄마들은 아이들보다 더 힘들어진다. 그래서 아이를 상담하다, 엄마까지 상담하게 된다. 원래 가족 두 명을 함께 상담하지 않는 법인데, 나에게는 이런 경우가 종종 생긴다. 아이들의 기분과 상태에 따라 수없이 감정의 오르내림을 경험해야 하는 이 엄마라는 병, 정말 원죄 같기도, 정신병 같기도 하다.

영화 이야기 한 김에 하나 더. 2009년 개봉된 봉준호 감독의 영화 "마더"가 있다. 많이 모자라는 역할로 나오면서도 그 잘생김은 여전히 숨길 수 없었다는 원빈, 그 엄마 역을 맡은 주인공 김혜자씨와 봉준호 감독은 이 영화로 국내 국외에서 수많은 상을 받았다. 그런데 극찬을 받은 이 영화의 예술성보다도, 나에게 지금까지 잊혀지지 않는 것은 대사 한

마디다. 영화 속 엄마는, 정신적으로 박약한 아들이 동네 여학생 살인자로 몰리자, 직접 범인을 찾아 행동에 나서게 되고, 마침내 아들의 범죄사실을 알고있는 듯한 고물상 할아버지를 죽이기까지 한다. 나중에 아들이 풀려나고, 대신 감옥에 들어가게 된 연고자가 없는 아이를 찾아가 엄마(김혜자 분)는 묻는다. "넌 엄마 없니?"

엄마는 그런 것이다. 자식을 위해서는 머더까지 하는 마더. 물론 그래서는 안 된다. 범죄다. 하지만 그렇게까지 할 수 있는 것이 엄마라는 병이다. 그래서 나는 늘 생각한다. 세상에서 가장 불쌍한 사람은 아픈 사람과 엄마 없는 사람이라고. 어려서 엄마의 사랑을 충분히 느끼지 못하고 자란 사람들이 나중에 경계선 성격 장애나 분리 불안 같은 힘든 상태를 경험하는 것을 자주 본다. 물론 엄마 역할을 대신 잘 감당해 준 아빠나 조부모 같은 존재가 있었으면 상황이 달라진다. 요즘은 가슴 아픈 대상에 노인도 추가했다. 코로나로 많은 노인들이 돌아가셔서… 늙어간다는 것도 보통 힘든 일은 아닌 것 같다.

나의 문어 선생님

작년엔 TV 앞에서 참 많은 시간을 보냈다. 코로나에서 회복할 땐 할 수 있는 게 그것 밖에 없었으니. 종일 코로나 뉴스만 들여다보고 있는데, 누가 미스트롯, 미스터트롯이란 경연 프로그램을 보라고 했다. 아, 트로트 가사에 인생이 다 들어있었다. 트로트에 울고 웃던 중 보게 된 "사랑의 불시착"이라는 드라마는 또 어떤가. 세상 모든 남자들을 현빈과 비교하는 고질병을 얻어, 나 이제 아무도 못 사귈 것만 같다. 현빈 때문에 망했다.

얼마 전, 넷플릭스를 뒤지다 『My Octpus Teacher』라는 다큐를 발견했다. 문어가 선생님이라? 호기심으로 시작한

크레이그 포스터의 필름이 끝났을 때, 내 눈가는 촉촉이 젖어있었다. 과학 시간에 잤고, 동식물에 전혀 관심 없는 차도녀인 나를 문어가 울릴 줄이야.

아프리카 최남단 해변에서 자란 이 영화감독은 바다와 친숙하다. 다큐들을 찍다 탈진과 우울감에 빠져 고향 집으로 돌아온다. 거기서 매일 아름다운 바닷속 세계를 경험하며 다시 카메라 잡을 힘을 얻게 된다. 그러는 중 어느 날 만난 암문어 한 마리. 매일 찾아가 바라보는 그에게, 서서히 발 하나를 뻗어 손을 만진다. 그러다 팔에 올라오더니 마침내 가슴에까지 올라타는 관계가 된다. 이후 거의 일 년간 매일 문어와 교감하며 그는 바닷속 그녀의 삶을 관찰한다.

개나 고양이 정도의 지능으로, 굉장히 똑똑하고 재빠르게 환경에 대처하는 문어의 생존본능이 우선 놀라웠다. 피부색뿐 아니라 질감까지도 환경과 똑같이 만드는 그 유연함으로, 방어해 줄 껍데기 없는 물렁한 몸체를 보호한다. 나이 들수록 경직되어가는 성격이나 생활방식이 문제

말하지 않으면 알 수 없는 것들

가 되는 우리가 부끄러워진다. 문어 선생님께 유연함에 대해 배운다. 한 파자마 상어의 공격을 피할 수 없게 되자, 그 등에 올라타고 신나게 돌아갈 때는, 정말 너무 자랑스러워 트로피라도 하나 쥐여주고 싶었다.

그러다 상어에게 다리를 하나 잃고, 창백한 모습으로 앓고 있는 문어를 볼 때 가슴이 미어졌다. 상어에 대한 분노가 이글거렸다. 내가 그동안 먹었을 문어 다리들이 생각난 것도 그때였다. 앞으로 문어는 못 먹을 것 같다. 황홀하고 평화로워 보이는 바닷속에도 존재하는 약육강식, 물 위 세상 우리들의 상처와 공격도 떠올랐다. 하지만, 그 아픔을 꿋꿋이 이겨내고, 작은 다리가 다시 자라나 활동을 재개하는 문어, 완전 인간 승리, 아니 문어 승리다.

문어의 수명이 다 되어가는 것을 느끼던 어느 날, 짝짓기가 일어난다. 먹지도 않고 나오지도 않고, 나아 놓은 수십만 개의 알에게 몸의 양분과 산소를 아낌없이 공급해주는 문어. 그렇게 체중과 에너지를 잃어가다 알들이 부화할 때쯤엔 밖으로 밀려 나와, 물고기와 상어의 밥이 되는 문어를 보며, 왜 우리 연로하신 부모님들의 주름진 얼굴과 허약해진 모습이 떠올랐을까. 그리고 역시 노화를 향해 가고 있는 우리 스스로의 모습도 교차하였다. 눈가가 두 번째로 촉촉해졌다.

때와 시간을 아는 문어. 아프면 쉴 줄 알고, 놀 때는 물고기들과 장난하며 춤출 줄 알고, 자신의 생명을 주고 떠날 때를 아는 문어는 그래서 세상 어느 부모 못지않은 선생님이다. 이 문어는 크레이그 감독에게 우정, 사랑, 신뢰, 연대감, 지혜, 인내, 끈기, 희생을 가르쳐주었다. 그는 이제 더이상 혼자가 아니라 아들과 그리고 다른 사람들과 '함께' 스노클링을 한다.

문어 선생님 덕분이었다.

해피 마더링데이

　　　　　나는 SNS를 많이 사용하는 편
이 아니다. 그저 칼럼을 공유하고, 아이들 사진이나 친구들
의 근황을 확인하는 수준이다. 이런 내가 팔로우를 다 하
는 분이 네 분 있다. 한국에서는, 세 개의 암과 싸우면서도
늘 영감과 감동을 주시는 김동호 목사님, 요즘 알게 된 재
밌고 신선한 김관성이라는 비교적 신세대 목사님, 그리고
맑은 내려놓음의 지혜가 충만한 법륜 스님이다. 그리고 지
난번에 말했듯이 미국에서는 앤 라못(Anne Lamott)이라는
작가를 좋아한다.

　내 금요 영어 북클럽에서 세 번째 책으로 읽은 "Traveling

Mercies"는 식이장애, 알콜 중독, 마약 중독으로 젊은 시절을 보내고 미혼모로 아들을 키운 앤 라못의, 인생에 대한, 친구와 이웃의 사랑에 대한, 삶을 지탱하게 해준 크고 작은 은 총들에 대한 에세이다. 한국인들에게는 많이 알려지지 않았지만, 뉴욕 타임즈 베스트셀러이기도 했던 그녀의 여러 작품들은 아주 솔직하면서도 유머스러워 인기가 있다.

앤 라못이 어머니날이면 올리는 '마더스 데이'에 대한 글이 있다. 어머니 날 분위기에 찬물을 끼얹는다는 악플에도 불구하고 매년 올리는 이 글에서, 자기는 '마더스 데이'를 싫어한다고 말한다. 결혼을 하고 엄마가 되어야 더 훌륭한 여자인 것처럼 느끼게 만드는 이날이 아주 싫다고. 그리고 미안하지만, 세상에는 나쁜 엄마들도 많다고.

본인이 좋은 엄마를 가지지 못했다. 엄마는 아버지와 늘 사이가 좋지 않았고, 변호사 공부를 위해 하와이로 가 버렸다. 이런 그녀에게 다른 많은 엄마가 있었다. 어릴 적 무릎에 앉히고 뻣뻣하여 잘 빗겨지지 않는 머리를 빗겨주며 예쁘다고 말해주던 친구 엄마, 그 집에서 잘 때면 안고 기

말하지 않으면 알 수 없는 것들

도를 해주던 사랑 많은 절친 엄마, 중독자로 미혼 자녀를 임신한 그녀를 진심 사랑해주며 함께 키우자고 격려해 준 동네 흑인 교회 교우들이 다 그녀의 엄마들이었다. 예배 시간에 10센트 동전 봉지를 몰래 쥐어주며 홀로 키우는 아들을 친손자처럼 사랑해준 흑인 할머니들, 신앙도 없던 시절 기꺼이 만나 매주 산책하며 이야기를 들어준 예수회 신부님, 힘들 때마다 달려와 준 게이 친구 등도 모두 그녀에게는 엄마였다고 그녀는 말한다.

'마더스 데이'는, 엄마가 되고 싶지만, 난임, 불임으로 고생하는 여성들, 자녀를 잃은 엄마들, 엄마를 잃은 자녀들, 엄마와 관계가 끊어진 자녀들, 자녀와 관계가 끊어진 엄마들에게는, 마음 깊이 지뢰 폭탄 터지고 총칼 난무하는 상처의 날일지도 모른다. 가족 간의 분열은 생각보다 깊고 흔하다. 안 보고 지내는 형제자매 부모 자녀 관계가 하나도 없는 가정이 오히려 드물 것 같다는 것이 요즘 생각이다.

오바마 대통령은 세상의 모든 엄마들(mothers)과 엄마 역할을 한 사람들(mother figures)에게 '어머니날'을 축하하는 센스있는 인사를 SNS에 올렸다. 마더링(Mothering)은 마더스(mothers)만 하는 것이 아니다. 누군가에게 엄마 역할을 했던 모든 사람들이 이 날의 주인공이다. 일 년 중 꽃이 가장 많이 팔리고 식당이 가장 붐빈다는 '마더스 데이'가 마냥 해피 마더스 데이가 되지는 못하는 많은 사람의 아픔을 생각하게 해주는, 앤 라못의 용감한 또 한 번의 글에 수천 개 댓글이 올라왔다. 힘든 마음으로 '마더스 데이'를 맞이해야 하는 많은 여자들의 공감과 감사의 글들이 대부분이었다. 비록 해피 마더스 데이가 되지 못한 모든 사람들에게도 "해피 마더링 데이"라고 진심으로 말해주고 싶은 오월이다.

말하지 않으면 알 수 없는 것들

95세 현역

올해 초부터 집안 뭔가가 자꾸 고장 나기 시작했다. 지은 지 18년 된 집이니 가전제품들이 고장날 때가 되어서 그런지, 제일 먼저 멀쩡하던 건조기에서 우당탕 소리가 요란하게 나서 도저히 쓸 수가 없었다. 알아보니 하나 새로 사는 게 낫다고 해서 새로 구입했다. 그러고 나니 잘 나오던 TV 화면이 갑자기 안 나온다. 아들이 알아보더니 뭔가가 고장 나서 고치려면 몇백 불이 드니 차라리 새것을 사자고 하여 새 TV를 들여놓았다. 얼마 후 부엌에 있는 것들도 문제를 일으키기 시작했다. 냉장고의 냉동 칸에서 물이 계속 흘러나오고 바로 옆의 식기세척기는 문이 고장나서 닫히지를 않았다. 할 수 없이 냉장고

와 식기세척기를 한꺼번에 바꿔야 했다. 그다음은 커피 머신이 고장 나더니 심지어 벽에 걸려있는 시계까지 고장이 난, 올해는 참 이상한 해였다.

교사를 하는 동안 늘 무더운 여름방학에만 한국에 갈 수 있어 힘들었다. 올해 초 퇴직 처음으로 아름다운 계절 가을에 한국 여행을 두 주 즐겁게 했다. 돌아오려고 짐을 싸는 중 엄마와 함께 지내도록 부탁했던 친구에게 전화가 왔다. 심한 허리와 배 통증을 호소하신다는 것이었다. 당장 병원으로 모시고 가달라고 부탁하고 돌아오자마자 병원에 가보았다. 이번에는 엄마의 등뼈가 고장이 났다!

한국 나이로 95세의 연세에도 정정하셔서 혼자 거의 모든 것을 하시며, 노인센터에도 주 5일 빠짐없이 다니셔서, 늘 개근상을 받아오시던 엄마였다. 정신도 또렷하셔서, 신년이나 삼일절 같은 날에는 센터에서 대표로 앞에 나가 인사말까지 하셨다. 단지 자주 넘어지셔서 늘 조심해왔는데, 이번에는 특별히 넘어진 것도 없이 3번 허리뼈에 압박골절이 생기셨다. 병원에서는 골다공증과 고령으로 인한 것이라고 했다. 평생 건강하시고 병원을 모르시던 엄마, 주말이면 과일과 과자를 사서 양로원에 계시는 "아우님"들을 방문하시던 엄마가, 3주 넘게 병원에 계시는 모습은 너무 안타깝다. 그래도 이제 통증이 많이 가라앉으셔서 조만간 걷는 운동을 하시기 위해 재활치료센터로 옮기실 예정이라 감사하다.

한국 가 보니 부모님 병환으로 고생하는 친구들이 많았다. 부모님이 돌아가신 경우도 많지만, 살아계시면 대부분 팔십 혹은 드물게는 구십 대셨다. 가장 고생하는 경우가 부모님에게 중풍이나 치매가 있으실 경우였다. 자녀만 부모에게 효도하는 것이 아니라, 부모도 건강하게 지내시는 것이 자녀에게 "효도"하는 것이라는 말도 한국에서 들었다. 간병하느라 정신적, 육체적, 그리고 경제적으로 힘들어하는 친구들을 보며, 연로하신 부모님들의 건강 문제가 피부로 실감되는 이번 가을이었다.

자식된 우리도, 몸에 크게 불편한 것이 없다고 주어진 건강을 당연시하면서, 건강보다 다른 일들을 우선하고 살아서는 안 될 것 같다는 생각도 비로소 든다. 건강하게 먹고, 운동을 꼭 하고, 작은 일에 목숨 걸게 아니라 늘 감사하고 기쁜 마음으로 생활해야겠다. 특히 골다공증이 있으면 노령에 기침이나 재채기만 해도 골절이 올 수 있다니, 뼈의 건강을 위해 칼슘 섭취와 근력 운동도 게을리하지 말아야겠다.

젊었을 때는 우리 아이들 키우느라 부모님에게 많은 신경을 못 썼다. 그리고 그때만 해도 지금보다 훨씬 젊으셨던 부모님들은 늘 건강하게 거기 계시면서, 어려울 때면 달려와 우리를 도와주는 든든한 울타리라고만 생각했던 것 같다. 하지만 요즘 주위에 보면 육십이나 칠십 대 부모님들이라고 해서 다들 건강하시지는 않다. 부모님의 건강을 당연시하면, 그분들의 건강한 하루하루에 대한 감사를 느끼지 못하게 된다. 그분들이 건강을 잃으시면 우리가 아무리 시간을 내고 돈을 들여 좋은 것을 함께 하고 싶어도 할 수 없다는 것, 그래서 조금이라도 더 건강하실 때, 부모님과 함께 좋은 시간을 많이 보낼 일이란 생각이 절실하게 드는 요즘이다.

말하지 않으면 알 수 없는 것들

"엄마"라는 직업(?)에는 은퇴가 없다. 95세 우리 엄마는 지금도 현역이시다. 60을 바라보는 이 딸을 위해 김치찌개를 아직도 끓여주신다. 긴 시간 상담 마치고 돌아와 소파에 죽은 듯 누워 쉬는 내게, 과일을 깎아 입에 넣어주시면서 나를 소생(?)시키신다. 일평생 이민일세 자식들을 돕느라 손주들을 돌보시고 살림을 도우시더니, 병상에서 극심한 통증과 싸우실 때도 간호하는 자식들의 식사를 걱정하고 피곤할까 봐 염려하신다.

엄마가 언제까지나 건강하게 곁에서 나를 챙겨주실 거라고 믿고 있던 내가 얼마나 단순하고 무지했는가를 절실히 깨닫는 요즘이다. 엄마가 이번에 잘 일어나시고 좀 더 오래 현역을 유지하셔서, 나도 엄마 딸로 오래오래 더 현역이고 싶다.

황제펭귄에게 배운다

　　　　　　점점 예측 불가능한 폭염과 혹한을 경험한다. 연초인 지난 주 폭설과 혹한을 겪으면서 언젠가 본 황제펭귄에 대한 다큐멘터리가 생각이 났다. 황제펭귄은 펭귄 종류 중 가장 크고 턱시도를 입은 듯 등은 까맣고 가슴은 옅은 노란색, 그리고 귀 부근은 밝은 노란색을 띠어 황제펭귄이라 불린다. 지구상 모든 펭귄 중에서 가장 키도 크고 체중이 많이 나가는 황제펭귄은 남극에만 서식한다. 남극 대륙에서도 가장 추운 겨울에 알을 낳아 키우는 유일한 종류인 황제펭귄은 많은 것을 느끼게 한다.

　　첫 번째로 기억나는 것은 황제펭귄들이 알을 낳기 위해 50Km에서 120Km정도나 되는 긴 거리를 얼음 위로 걸

　　　　　　　　　　말하지 않으면 알 수 없는 것들

어 함께 알을 낳아 키우는 군집 장소로 이동하는 모습이었다. 여기에는 많으면 수천 마리의 황제펭귄들이 모여서 노래를 통해 짝짓기하고 암컷은 오직 한 개의 알을 낳는다. 특이한 것은 황제펭귄 수컷의 부성애다. 아빠 펭귄은 엄마 펭귄이 바다로 먹이를 구하러 간 동안 약 4개월간 새끼를 보호한다.

다행히 펭귄은 추운 겨울 얼음 위에서 체온을 보존하기 위해 발의 동맥과 정맥이 열을 교환하는 구조로 되어있다고는 하지만, 이 중 1개월 가량은 태양이 전혀 뜨지 않아 섭씨 영하 60도까지도 내려가는 혹한을 견뎌야 한다. 혹 남극의 혹독한 눈 폭풍이라도 오면 그 추위는 상상 불가능이다. 그래서 이 지혜로운 아빠 펭귄들은 원 모양으로 모여서서 서로의 체온을 의지해 추위를 이겨낸다. 이렇게 하면 안쪽 온도가 바깥쪽보다 무려 10도나 따뜻해지기 때문이다. 펭귄들이 차례로 안쪽의 온도를 경험하도록 주기적으로 조금씩 이동하며 남극의 혹한을 이겨내는 이타적인 모습은, 이기적으로 나만 챙기며 살기에 익숙한 인간 사회가 진정 배워야 할 모습이었다.

또한 자신이 배고파도 4개월 동안 알을 보호하면서 알을 낳느라 지친 암컷을 먼저 바다로 보내 먹이를 먹고 오게 하는 아빠 펭귄의 모습이 감동적이었다. 자신은 눈을 먹으며 수분 정도만 보충하면서 굶은 채로 알을 발등에 올려놓고 보호하는 아버지 황제펭귄의 모습은 왠지 가슴이 뭉클하다. 그렇게 해서 약 2개월 후 알이 부화한다. 새끼에게 먹일 먹이를 위벽에 보관해놓았던 아빠 펭귄은, 자신은 바짝 야윈 채로 이를 토해내어 갓 태어난 새끼에게 준다. 마침내 암컷이 돌아와 소리로 가족을 찾아 수컷과 역할 교대를 해서 바다로 먹이를 섭취하러 나갈 때까지, 먹지도 못하고 얼어 죽기 직전까지 죽을 고생을 해서 새끼를 품는 아빠 펭귄의 부성애는 눈물이 날 지경이다.

왜 황제펭귄들은 하필 남극에서도 가장 추운 겨울에, 그것도 남극대륙의 가장 깊은 곳에 모여 알을 낳고 품는 고생을 하는 것일까? 생물학자들의 말에 의하면 남극의 겨울은 황제펭귄들에게도 춥지만, 그들을 위협하는 천적인 도둑갈매기 같은 것들도 활동을 못 하기 때문에, 그때가 알을 부화하기에 가장 안전하고 집중할 수 있기 때문이라고

말하지 않으면 알 수 없는 것들

하니, 부모로서 희생정신이 보통이 아니다. 또한 이때 알을 낳아야, 나중에 새끼가 부화하여 바다로 향할 즈음이면, 남극 바다에 가장 먹이가 풍부하기 때문이라고 한다.

이렇게 정성으로 알을 품어도 실제 새끼로 부화하는 성공률은 60퍼센트밖에 안된다니 안타깝다. 이것은 초보 아빠 펭귄들이 알을 간혹 발등에서 떨어뜨려 알이 순식간에 얼어서 죽기 때문이라고 한다. 그래서 그런지 거의 서서 알을 품는 펭귄들이, 힘들면 알을 놓치지 않으려고 엎드려서라도 알을 품고 보호하는 모습은 영원히 잊지 못할 것 같다.

싱글 부모 가정이 요즘은 반을 넘는다고 하고, 이 중 대부분은 싱글맘 가정이다. 아이를 가지게 해놓고도 모른 척하거나 중도에 양육을 포기하는 아빠들을 너무 많이 보았기 때문일까? 황제펭귄 아빠의 부성애에서 배울 것이 많다는 생각이 간절하다.

디어 마이 싱글 패어런츠

싱글이 될 계획으로 결혼하는 사람은 없다. 하지만 삶이란 알 수 없는 것이어서, 어느 날 여러 가지 이유로 다시 싱글이 되기도 한다. 이에 따라 요즘 엄마나 아빠 혼자 혹은 조부모에 의해 길러지는 아이들이 점점 많아지고 있다.

싱글로 아이들을 기르는 경우가 흔하긴 하지만, 이것이 어른에게도 아이에게도 매우 스트레스받는 일인 것은 사실이다. 싱글 부모들은 아이들을 돌보면서 직장에도 다니고 집안일도 혼자 해야 하는 삼중고에 시달릴 수밖에 없다. 그리고 싱글 가정이 되면 양부모 가정일 때에 비해 경

말하지 않으면 알 수 없는 것들

제적이나 다른 지원이 극적으로 줄어들게 된다. 또한 양육비나 부모 간 갈등으로 인한 문제, 친가나 외가 친척과의 문제, 혹은 부모와 함께 보낼 시간의 부족을 겪는다. 부모가 헤어지는 당시에는, 정서적으로 불안하여 학교 성적이나 친구 관계가 영향을 받기도 한다. 그러므로, 아이들과 솔직하고 현실적으로 이런 문제에 대한 대화를 나누면서 해결점을 모색해야 한다. 싱글 부모로 자녀를 잘 기르기 위해 다음과 같은 방법을 제안한다.

첫째, 친구나 다른 가족, 친척, 교회나 속해 있는 단체 사람들의 도움을 적극적으로 활용하자. 필요하면 전문가의 도움을 받을 수도 있다. 특히 싱글맘이 아들을 기를 경우, 건강한 남성 롤모델이나 멘토를 주변에 두고 자랄 수 있도록 하는 것이 매우 필요하다. 아이들을 고립시키면 안 된다. 최대한 많은 사람들과 관계를 맺으면서 자랄 수 있도록 해야 한다.

둘째, 혼자만의 시간을 가지자. 싱글 부모는 혼자 항상 아이들에게 신경을 써야 한다. 힘들어 폭발할 것 같을 때도 아이들을 맡길 배우자가 없기 때문이다. 그러므로 자신의 정신 건강을 위해 다른 어른들과 시간을 보내는 것이, 본인에게도 그리고 결과적으로 아이들에게도 절대 필요하다. 네일살롱을 가거나 책방에 가거나 그냥 친구와 만나 커피를 마시더라도, 반드시 자신을 돌보는 시간이 필요하다. 아이들을 베이비시팅 맡길 여유가 안 되면, 믿을 수 있는 다른 엄마와 교대로 하면 된다.

셋째, 헤어진 배우자에 대한 분노와 원망, 혹은 지키지 않은 약속 등으로 속을 썩이지 말고 할 수 있는 일을 하자. 배우자에 관한 일은 이미 어떻게 해볼 수 있는 일이 아니다. 과거의 상처 때문에 그것을 보상하려고 현실을 불행하게 사는 일도 없어야 한다. 과거에 매여 하루하루를 소모하지 말고, 과거와 과감히 헤어지자. 그리고 미래를 바라보면서 현재에 충실하게 사는 모습을 보여줄 때, 자녀들도 마음이 든든하고 기쁠 것이다.

넷째, 스스로를 칭찬해 주자. 혼자 아이들을 기르다 보면, 아이들이나 혹은 본인이 뭔가 성취했을 때 같이 축하

말하지 않으면 알 수 없는 것들

해주고 칭찬해 줄 사람이 없다. 그때 "와, 나 참 잘하고 있네" 하면서 자신에게 뭔가 상을 주자. 평소 사고 싶었던 물건을 구입하든지, 하고 싶었던 일을 한 번 하는 것 등이다.

끝으로, 비교하거나 경쟁하지 말자. 최선을 다하는 것으로 충분하다. 남을 배려하고 존중하는 것을 가르치고 행복하게 살 수 있는 아이들이 되도록 하면 된다. 아이들에게 되는 것과 안되는 것을 반드시 가르치는 것은 어느 가정에서나 중요하다. 죄책감에서 아이들이 버릇없이 모든 것을 하게 허락하면 안 될 것이다. 아이 옆에 그저 가만히 앉아있는 한이 있더라도, 매일 일정한 시간을 정해 아이들과 함께 하자. 아이들에게 신경 쓰지 못하는 양부모 가정 아이들보다 오히려 더 안정된 아이로 잘 자랄 수 있다. 긍정적이 되자. 힘들 때는 힘들다는 것을 인정하고 아이들과 대화하면서, 지금 힘들지만, 앞으로는 좋아질 거라고 하자. 부모가 어려움을 극복하고 일어서는 모습이 자녀에게 일생 큰 힘이 된다. 유머를 잃지 말자. 가정 분위기가 부드러워진다.

싱글부모 밑에서도 훌륭하게 자라 성공한 수많은 예가 있다. 클린튼 전 대통령이나, 최초 흑인 대통령 오바마도, 올림픽 사상 첫 단일대회 8관왕이 되었던 수영 선수 마이클 펠프스도, 다 싱글맘의 자녀였다. 싱글 부모 역할, 가능할 뿐 아니라 자녀 양육의 결정적인 역할을 감당할 수 있는 큰 축복이다.

말하지 않으면 알 수 없는 것들

Chapter 6

불안하고 우울한 시대에
함께 살아가기

우리를 철들게 하는 것들

지난 월요일 아침, 여느 때처럼 커피를 내리는 것으로 하루를 시작했다. 앗, 그런데 주방에 은은히 퍼지며 또 다시 주어진 하루라는 감사한 선물을 만끽하게 해주어야 할 커피향이 어디로 간 것일까? 아무런 향이 나지 않았다. 얼른 한 모금 마셔보았다. 아무 맛도 느껴지지 않았다. 너무 이상해서 소금을 찍어 먹어 보았다. 다행히 짠맛은 있었다. 지난 주말부터 냄새와 미각이 없어졌다고 자가 격리에 들어가신 사돈어른이 생각났다. 낮에 아들 집에 가서 피자를 한쪽 먹는 데 아무 맛이 안 느껴졌다. 마치 두꺼운 종이나 가죽을 씹는 느낌. 그저 억지로 넘겼다. 손녀가 하루 세 시간씩 다니던 데이케어도 문을 닫고, 육아를 도와주시던 이모님도 오지 못하게 되니, 두 살도 채 안 된 연년생 아이 둘 데리고 종일 힘들어하는 며느리도 도와줄 겸, 한 두 주째 매일 둘째 아들 집에 가서 손주들과 신선놀음을 하던 중이었다. 3월 중순부터 시작된 셧다운으로 상담과 북클럽 등 모든 것이 중지되어 다른 할 일도 딱히 없었기 때문이다.

생각해보니 그즈음 몸살기도 참 자주 있었다. 아이들하고 종일 노는 것이 힘에 겨워 그런가보다 했었다. 그날 아들은 일하는 병원에서 바이러스 진단검사를 받았는데, 먼저 독감 바이러스를 체크하고 아니면 코로나바이러스 검사를 한다고 했다. 다음 날, 독감은 아니고 코로나바이러스인지 결과를 기다리게 되었다. 아들의 권유에 따라, 4월 1일부터 자가 격리를 시작했다. 4월 3일 아들은 양성판정을 받고 2주간 자가 격리를 시작했다. 함께 사는 사돈어른은 호흡이 힘들어지셔 결국 입원까지 하셨다.

아래층에 사는 큰아들이 자기도 미열, 오한, 피로감이 있다며 자가 격리에 들어간다고 했을 때는, 정말 심란했다. 위층에 별로 올라오지 않는 데도 감염이 된 모양이었

말하지 않으면 알 수 없는 것들

다. 그 주간 후각. 미각 손실은 물론 미열, 근육통, 설사 등 증상들이 내게 본격적으로 나타나기 시작했다. 호흡 곤란이나 고열이 없으면 병원 치료나 테스트도 받을 수는 없던 때였다. 주치의 선생님과 전화로 진료를 받으니, 코로나 증상이 맞는 것 같다고 하신다. 마늘, 생강차를 만들어 하루에 여러 번씩 마시고 비타민C와 에키네시아라는 면역력 증강시켜준다는 약, 그리고 미열과 근육통에는 타이레놀만 먹으며 버텨야 했다.

음식 맛을 못 느끼니 식사가 가장 큰 고민이자 고문이었다. 음식을 사러 나갈 수 없는 나를 위해 많은 분들이 음식을 갖다주었다. 유일하게 먹고 싶은 생각이 나는 게 설렁탕과 오렌지여서 이 두 가지를 진짜 많이 먹었는데, 뉴스에 보니 뼈를 우려낸 국물과 오렌지가 바이러스 싸우는 데 아주 좋다고 했다. 그런 것들을 먹고 싶어 한 내 몸이 신기하고도 신통해서 혼자 웃었다. 문자 받고 문을 열어 보면 문밖에 놓여있는 따뜻한 음식들, 나를 위해 울면서 금식하며 기도한다는 사람들의 이야기를 들으며, 난민처럼 그렇게 사람들의 사랑을 먹고 살았다, 그리고 살아났다.

큰아들의 페이스북 글을 본 많은 지인들의 안부 문자와 전화를 받았다. 힘든 곳에 계신 선교사님들이 오히려 미국에 있는 나의 안부를 물어야 했던 그 시절, 연락 오는 분들에게 부탁할 것은 기도밖에 없었다. 나와 나의 삼십 대 아들 둘이 다 증세를 보이던 그 때, 젊은 사람들도 코로나로 생명을 잃는 소식들을 늘 뉴스에서 보아야 했던 그 때, 나의 코로나와의 싸움의 49퍼센트가 육체적인 것이었다면, 51퍼센트는 공포와의 심리적 싸움이었다. 다행히 나와 아들 식구들은 2주 정도 후 모든 증상이 거의 사라졌다. 4월 중순부터는 두 아들도 다 직장에 복귀했다. 사돈 어른도 일주일 만에 퇴원 후 완치되셨다. 나도 4월 말부터는 전화로 상담을 다시 할 수 있을 정도로 기력이 회복되었다.

이번 코로나와 싸우며 가장 먼저 느낀 것은, 우리 삶의 가장 절실하고 큰 일들은 내 손안에 있지 않다는 것이었다. 나와 나의 가장 가까운 가족들이 동시에 처한, 생각지도 못했던 공포스런 바이러스와의 싸움에서, 내가 할 수 있는 일은 정말 아무것도 없었다. 숨 하나 편히 쉬는 것도 내가 마음대로 할 수 있는 것이 아니라는 것을 알고 나니 절대자와의 관계가 회복되고, 하루하루가 더 소중하고 겸손해진다. 또한, 우리에게 필요한 것은 쇼핑과 많은 물건들이 아니라 사람이었고 사랑이었다. 한 달 동안 나가지도 못하고 쇼핑은 못하였지만, 친지와 커피 한 잔을 놓고 마주 앉았던 그 평범한 시간은 몹시도 그리웠다. 별로 안 만나던 사람들조차 그리워지고, 너무 많아 좀 막아놨던 페북 친구들도 자가 격리 첫 날 다시 다 열었다. 우리는 서로에게 이런 존재였다.

요즘도, 얼마 안 되는 음식을 받으려고 늘어선 긴 줄들, 양로원에 계신 부모님과 자녀들의 유리창 너머로의 대화를 뉴스에서 보거나, 없는 일자리를 기다리며 길거리에 동상처럼 모여 서 있는 남미 친구들을 볼 때, 그리고 실업수당조차 받지 못하는 사람들이나 자영업자들의 생계난을 들을 때, 울컥한다. 빨리 모든 일들이 회복되기를 진심으로 기도하게 된다. 진수성찬이 아니라도 맛을 느끼며 신나게 먹을 수 있었던 소박한 밥상과 고단한 몸일망정 매일 일어

나면 일을 할 수 있던 그 일상이 얼마나 기적처럼 행복했
는지 깨닫게 되는 요즈음, 코로나 바이러스가 우리를 철들
게 한다.

언택트 시대 혼자 놀기

　　　　　팬데믹이 좀처럼 떠날 생각을 안 한다. 언택트 (Untact:비대면 접촉)이라는 신조어도 나왔다. 접촉을 뜻하는 컨택트(contact)의 반대이다. 3월 초, 오피스 친한 직원에게 부탁할 말이 있어 갔다. 만날 때마다 허그를 하던 가까운 사이였다. 그런데 이 친구, 내가 말을 하는 동안 얼굴을 점점 뒤로 제치기 시작한다. 눈빛도 매우 불안해 보인다. 사회적 거리 두기란 말이 아직 내 머리에 새겨지기 전이라, 이 친구 오늘 왜 이렇게 나를 어색하게 대하나 의아했다. 할 말을 마치고 사무실을 나오는 순간에야, 아차, 이유가 생각나면서 미안했던 기억이 난다.

　나는 허거(hugger)이다. 다섯 가지 사랑의 언어 중 스킨

쉽의 효과를 강력히 믿는. 상담 공부할 때, 절대 신체 접촉을 하지 말라고 배웠다. 허그는 물론 악수도 하지 말라고. 물론 상담사 보호를 위해서다. 나는 K-12 학령기 아이들 프로그램에서 상담을 시작했는데, 첫 클라이언트는 이혼한 아빠가 방문을 중단하면서 분리 불안이 시작된, 겨우 네 살 된 백인 여자아이였다. 불행하게도 대부분 (물론 다는 아니다) 부모 때문에 힘들어진 이 아이들이 나는 늘 너무나 안쓰럽고 안아주고 싶었다. 그래서 아이들이 싫어하지 않는 한, 허그도 해주고 머리도 쓰다듬어 주었다. 이런 내가 비대면 시대를 살아가며 화상으로 상담을 하려니 정말 힘이 든다.

언택트 시대 가장 큰 숙제는 혼자 놀기이다. 평소 혼자 있기를 즐기던 사람들은 요즘이 특별히 더 힘들지 않다. 하지만 사람들과의 만남에서 에너지를 얻는 외향적인 사람들에게 요즘 세상은 참 어렵다. 그래서 푹푹 찌는 날씨에도 식당 파킹장에 설치한 천막 속 테이블에서 사람을 만나고, 마스크 쓰고 바닷가도 간다. 쉬운 일이 아니다. 이제는 비대면으로 사람들과 교제하는 법도 배워야 한다. 또 혼자서도 잘 노는 법을 배워야 한다. 창의력이 필요하다.

늘 그랬지만 요즘 특히 스마트폰은 아주 유용하다. 오래 연락 없던 사람들에게서 안부 전화가 온다. 원래 나는 성격적으로 전화 통화를 오래 못하고 늘 "용건만 간단히"였다. 그래서 나랑 통화할 때면 빨리 끊어야 할 것 같은 부담을 모든 사람들이 느꼈다는 거 아닌가. 그런 내가 요즘 전화를 아주 오래오래 한다. 사람들이 무척 신기해한다. 왜 전화를 안 끊냐고. 전화로라도 목소리 듣는 게 좋다. 영상통화도 있다. Zoom이나 Google Meet 등 간단한 프로그램으로 여러 명이 얼굴을 보면서 통화할 수도 있다. 밖에서 여러 명이 만나려면 몹시 어렵지만, 집에 있으면서 이런 프로그램으로 친구나 가족들을 만나기는 훨씬 쉽다. 좋아하는 허그는 못 하지만, 그래도 실제 만남과 비슷한 효과가 있다.

요즘 모든 내담자들에게 같은 말을 한다. 자신을 잘 보살펴야 한다고. 혼자서도 잘 노는 법을 계발해야 한다고. 최근 뭔가를 기르는 사람들이 늘어났다. 간단한 야채나 꽃등을 실내, 실외에서 많이 기른다. 나는 안 먹어서 싹이

난 고구마 하나를 물에다 넣어보았다. 좁쌀만한 싹들에서 줄기가 나고 잎사귀가 돋으면서 뿌리가 나더니 작은 고구마 하나가 얼마나 예쁜 초록빛 세상을 풍성하게 선사해주는지, 아침 다르고 저녁이 다른 그 조그만 새싹을 보는 것이 큰 낙이다. 답답하고 절망스러운 뉴스로 가득 찬 요즘, 뭔가 생명이 자라는 것을 보는 것만 해도 커다란 힐링이 된다.

이런 시기를 하나의 기회라고 생각하자. 평소 못했던 것들을 하면서 슬기롭게 보내다 보면, 마음에도 도움이 된다. 집 물건들을 정리하는 사람들이 많다. 있는지도 몰랐던 물건의 발견, 반대로 필요 없는 물건들의 정리, 둘 다 기분이 좋아진다. 가족사진들을 연도별로 앨범에 정리하면 뭔가 큰일 한 듯 뿌듯하다. 나는 두 아들이 유치원 때부터 우리 부부에게 준 카드, 글과 그림, 스쿨 포토 등등을 각자의 바인더에 연도별로 정리했다. 아이들의 어린 시절 기억이 되살아나며 새삼 너무 귀엽고 재미있었다. 아이들에게 주면 좋아할 것 같다.

사람들 요리 실력이 늘고 있다. 요리와 거리가 먼 나의 새로운 요리는 겨우 두부, 피넛 버터, 우유를 넣어 갈아 만드는 손쉬운 콩국수 정도이지만, 새로운 요리를 시도해보는 사람들이 많다. 또 어른을 위한 칼러링 북이나 윤곽만 따라 그리면 예쁜 그림이 완성되는 스케치 책등을 하면 마음이 안정되고 즐겁다. 미루었던 책을 읽거나, 드라마/영화를 볼 수 있는 좋은 기회이기도 하다. 나는 넷플릭스에서 "응답하라" 시리즈 3개를 다 보면서 얼마나 웃고 울었는지. 지금은 이민진 작가의 『Pachinko』라는 소설을 읽고 있다. 길어서 미루던 책인데 시간이 많으니 무슨 걱정인가. 퍼즐 맞추는 것도, 좋아하는 사람에게는 무한한 성취감을 선사해 준다. 어느 가족은 금요일 저녁마다, 짜장면을 시켜 먹은 후 아이들과 부모가 함께 영화를 하나 골라서 보는 무비나잇을 가진다고 한다. 좋은 아이디어다. 혼자서도, 가족끼리도, 재미있게 놀 수 있다.

안되면 버티기

　　　　　　　　　　마샤 리네한 박사는 변증법적
행동 치료(DBT)라는 유명한 심리치료법의 창시자다. 워싱
턴대 교수인 그녀는 조현병 진단을 받고 틴에이져 시절 26
개월을 정신병원에서 보냈다. 가톨릭 신자인 그녀는 퇴원
후에도 20여 년을 자살 충동에 시달리다, 어느 날 신비한
체험을 한다. 작은 성당에서 무릎을 꿇고 십자가를 바라보
며 기도하던 중, 갑자기 교회 안이 금빛으로 변하면서 무
언가가 자신을 향해 다가오는 것을 느낀 것이다. 자기 방
으로 도망쳐 온 그녀는, 처음으로 자신에게 말을 한다. 'I
love myself.' 나는 내 자신을 사랑한다고. 그 순간부터 삶
이 바뀌었다고 리네한 박사는 말한다.

　　　　　　　　　　　　　　말하지 않으면 알 수 없는 것들

이후 리네한 박사는 자신의 문제가 정신분열, 즉 조현병이 아니라 경계선(보더라인) 성격장애였다는 것을 깨닫는다. 그래서 우울한 감정을 어떻게 처리해야 할지 고민하다, 현재 감정을 수용하면서 내면의 감정 폭풍을 처리해나가는 법을 배우게 되었다. 즉 고통스러운 현실을 가지고 고민하는 대신, 받아들이고 대처하는 법을 배운 것이다. 그리고는 낮에 보험회사 직원으로 일하면서 심리학을 공부하여, 자살 충동으로 시달리는 보더라인 성격장애 치료를 위해 변증법적 행동 치료를 만들게 되었다.

리네한 박사는 어떤 힘든 문제든, 네 가지 방법을 통해 해결할 수 있다고 한다. 첫째는, 그야말로 문제를 해결하는 것(Solve the problem)이다. 우리 힘으로 해결할 수 있는 문제는 모든 수단을 동원해 해결하면 된다. 그런데 살다 보면 해결할 수 없는 문제들이 훨씬 많다. 그럴 때 둘째 방법으로, 그 문제에 대한 인식과 감정을 바꾸는 것(Try to feel better about it)이 있다. 문제적 현실은 못 바꾸지만, 그 현실에 대한 내 생각을 낙관적이고 수용적으로 바꾸면, 힘든 생각이 조금은 가벼워진다. 하지만, 해결도 못 하고 좋게 생각할 수도 없는 문제라면? 셋째 방법으로, 그 현실을 그냥 전적으로 수용(Radically accept it)하라고 한다. 즉 그냥 받아들이고 인정하라는 것이다. 위의 세 방법이 다 안 될 때도 있다. 그때 마지막 방법이 그냥 힘들게 지내기(Stay miserable)이다. 좀 어이가 없다. 하지만, 어쩔 수 없는 힘든 상황과 싸우는 대신 그냥 하루하루 잘 버티다 보면, 상황과 감정이 개선되는 수가 많으니, 이것도 사실 해결방법이라는 것이 리네한 박사의 주장이다.

상담 일 초기에, 아주 예쁘고 똑똑하고 재능 많은 6학년 여자아이를 상담하게 되었다. 심한 우울증으로 힘들어하던 이 아이와 이 네 가지 문제 해결법을 가지고 이야기하게 되었다. 아이는 약도 먹고 상담도 받지만, 여전히 좋아지지 않으니, 첫 번째 방법인 '해결'이 안 되는 것 같다고 했다. 그리고 자기 상황에 대해 아무리 좋게 생각하려고 해도 안 되니, 두 번째 방법인 '인식과 감정 변화'도 안 된다고. 세 번째 방법인, 문제에 대한 '전적 수용' 또한, 아이는 할 수 없었다. 당연했다. 그 나이에 자기가 왜 이렇게 힘들어야 하는지 어떻게 받아들이겠는가. 그래서 마지막 방법으로, 그럼 그냥 '비참하게 지내기'도 있다고 했다.

'Stay miserable?' 아이가 웃었다. 비참하게 지내는 게 무슨 해결 방법이냐면서. 나는, '우울하면 그냥 우울해 해. 울고 싶으면 울고. 중간중간 조금 덜 우울한 날들도 있으니 그래도 다행 아니니. 그러다 보면, 지금 이렇게 바닥을 치게 심한 우울증이, 조금이라도 좋아지면 좋아지지 더 나빠지지는 않을 거야.' 이렇게 위로 같지 않은 위로, 해결 같지 않은 해결 방법을 제시했던 기억이 난다. 아이는 그 후, 그래, 나 지금 우울증 있어, so what? 이렇게 받아들이고 가족의 응원 가운데 치료를 꾸준히 잘 받았다. 단 한 번도 상담 시간을 어긴 적이 없다. 그림을 그리고, 고양이를 입양하고, 방안 가득 식물을 키우며 케익도 구웠다. 힘든 시간을 잘 보낸 이 아이는, 6년이 지난 지금 씩씩하게 대학 진학 준비에 한창이다.

요즘 우리 모두를 힘들게 하는 팬데믹도 그렇다. 이놈의 코로나, 정말 '해결'이 안 되고 있다. 그저 조심하는 수밖에 없다. 그렇다면 둘째 방법인 팬데믹에 대한 '감정과 인식 변화'는 가능할까? 아, 힘들다. 좋은 점이 어디 있겠나. 칼럼을 완성하려고 굳이 찾아보니, 아, 마스크로 인한 미모의 평준화, 이런 거 있다. 모두가 눈밖에 안 보이는 요즘, 잘생긴 사람도 못생긴 사람도 없다. 마스크만 하나 척 쓰면 아주 마음이 평온하다. 화장을 안 해도 되는 건 물론이다. 온라인 미팅 때는 립스틱만 쓱 하면 끝이다. 휴가도 힘들어지고, 공연이나 경기 관람도 모조리 사라진 요즘, 돈이 많거나 적거나 사는 게 다 거기서 거기다. 그저 세 끼 먹고 안전하게 지내면 잘 사는 거다. 코로나가 가져온 또 하나의 평준화다.

아이들의 원격 수업, 부모들의 재택근무로 가족이 종일 함께 부대끼며 살아가는 공간이 되어버린 집에서, 갑자기 삼식이로 돌변해버린 온 가족 식사를 해대느라 엄마들의 고생이 말이 아니다. 아침 먹는 시간이 다르고 아이들 점심시간도 다 달라서 종일 부엌에서 산다는 한 엄마에게 말했다. 아침은 뷔페식으로, 점심은 도시락으로 준비해 놓고, 전처럼 낮에 산책도 하고 친구도 만나라고. 그리고 한마디했다. 음식 하느라 힘들다는 것은, 그래도 음식 해줄 사랑하는 가족이 곁에 있다는 것이고, 식재료를 살 돈이 있다는 것이니, 한 번 '좋게 생각' 해보라고. 그게 힘이 들 때는, 이 상황을 그냥 팍 '수용' 해버리고 '힘든 대로' 하루하루 버텨보라고.

말하지 않으면 알 수 없는 것들

두 개의 서클

지난 토요일 뉴저지 초대교회 주관, "팬데믹 시대 우리 가정: 슬기로운 감정 소통"이라는 제목으로 온라인 세미나를 하게 되었다. 질의, 응답 빼고, 내게 주어진 강의 시간이 한 시간 반이나 됐는데도, 미처 나누지 못한 것이 좀 있었다. 그중 하나가, 내가 상담할 때 자주 쓰는 Circle of Control 이라는 것이다.

백지에 큰 원을 하나 그리고, 그 안에 작은 원을 하나 더 그려서 두 개의 써클을 만든다. 바깥 원에는 "Things I Cannot Control"이라고 제목을 붙여서 내 힘으로 통제할 수 없는 문제들을 적는다. 그리고 안에 있는 원에는 "Things I Can Control"이라고 쓰고, 그 문제들을 해결하기 위해 내가 할 수 있는 일들을 적어보게 한 후, 문제보다 내가 지금 할 수 있는 일들에 초점을 맞추도록 하기 위한 것이다.

생각해보면, 살면서 우리에겐 단 두 가지 일들이 있을 뿐이다. 내 힘으로 통제할 수 있는 일들과 통제할 수 없는 일. 그래서 라인홀드 니버는 그 유명한 평안을 위한 기도에서 "오! 하나님 제가 변화시킬 수 없는 것은 그대로 받아들이는 마음의 평화를 주시고, 변화시킬 수 있는 것은 변화시킬 수 있는 용기를 주십시오. 그리고 이 둘의 차이를 구별하는 지혜를 주십시오."라고 했다.

한 3년 전 내담자들에게 이 써클 어브 콘트롤을 소개하면서, 먼저 나의 써클을 만들어 보았다. 바깥 원에 내 힘으로 통제할 수 없는 개인적 상황들을 적었다. 7년 전 남편이 세상을 떠난 것과 이후의 힘든 감정들, 내가 어쩔 수 없는 상황이었다. 그러면서 높아진 나의 혈당도 거기에 적었다. 내가 좀 많이 스윗트하지만, 아이고 이렇게 핏속까지 당이 높을 필요는 없는 데라고 농담처럼 말했지만, 사실 걱정이 되었다. 당시 서른네 살이었던 목사 큰아들이 아직 미혼인 것도 나한테는 심적으로 힘들었다. 물론 더 나이 든 미혼

자녀들을 가지신 부모님들은 서른네 살은 아기라고 하셨지만…

이번에는 안쪽 원에, 그렇다면 이런 상황들을 해결하기 위해 내가 무엇을 할 수 있는지를 구체적으로 적어보았다. 외로움 해소를 위해서 사람들과 교제하기, 건강을 위해서 운동과 건강한 식단, 그리고 큰아들의 결혼을 위해서는 사람들에게 소개하고 부탁하기 등이었다. 3년이 지난 지금, 여러 친구와 지인과의 만남, 특히 일찍 결혼한 작은 아이 덕에 선물처럼 내게 다가온 손녀와 손자로 인해 외로움은 많이 해소되었다. 약도 먹고 운동도 열심히 하다 보니 혈당도 내려가고 있다. 그리고 예능프로에 나오는 '미우새'처럼 노총각이 될까 봐 걱정했던 큰아들은, 오래전 본 적 있던 예쁘고 착한 아이와 우연히 다시 연결이되어 작년에 드디어 결혼했다.

"반지의 제왕"에 보면, 반지가 자기에게 오지 않았더라면 좋았을 텐데 하고 바라면서 프로도가 말한다. "나는 그 일이 내가 사는 동안 안 일어났기를 바랐는데"라고. 그러자 간달프는, "나도 그래. 또한 우리가 모두 그러길 바라지.

그런데 이건 우리가 결정할 수 없는 일이야. 우리가 결정할 수 있는 것은 이 주어진 순간에 우리가 무엇을 해야 할지 이거뿐이지."

우리 모두 사는 동안 이런 팬데믹 같은 재앙이 오지 않기를 바랐다. 그러나 그건 우리가 결정할 수 있는 일이 아니었다. 이 팬데믹이 끼치는 경제적, 심리적, 사회적 악영향은, 세상 그 어느 재앙에서도 보지 못했을 정도로 광범위함을 시간이 가면 갈수록 느낀다. 콘트롤할 수 없는 일들을 적는 바깥 써클이 전보다 더 채워져 간다. 하지만 이럴 때, 컨트롤 할 수 없는 상황에만 초점을 맞추다 보면, 우리의 사고 방식은 "재난화"의 패턴을 가지게 된다. 최악을 상상하게 되고 그 상상은 우리의 정신적 에너지를 고갈시킨다.

우리의 에너지는 한정되어 있다. 우리 힘으로 어쩔 수 없는 일에는 에너지를 쏟지 않아야 할 이유이다. 그래서 바깥 쪽 원에 적혀있는, 우리가 콘트롤 할 수 없는 일들은 철저히 무시해야 한다. 그것 때문에 힘들어하고 걱정하다 보면, 지쳐서 그나마 상황을 개선할 힘조차 잃게 되기 때

말하지 않으면 알 수 없는 것들

문이다. 대신, 이런 상황들에 대해 우리가 할 수 있는 일들을 안쪽 써클에 적어놓고, 그 일들에 집중하다 보면, 어느새 상황들이 조금씩 좋아져 있음을 알게 된다.

달라이 라마는 이런 말을 했다. "해결책이 없다면 걱정하는 데 시간을 낭비하지 말라. 해결할 방법이 있다면 역시 걱정하는데 시간을 낭비할 필요가 없다." 걱정은 불안을 낳고 불안은 정신건강 측면에서 만병의 근원이 된다. 바깥 쪽 원에 적혀 있는, 우리가 어쩔 수 없는 문제가 아무리 많더라도, 안쪽 원에 적혀 있는, 그 상황을 개선하기 위해 우리가 할 수 있는 일 또한 찾아보면 많이 있다. 걱정 대신 오늘 당장, 나의 두 개의 써클을 만들어 보자. 생각만 하지 말고, 써보자. 그리고 매일 들여다보자. 행동으로 옮기기가 쉬워진다. 어차피 인생은 매일 매일 문제를 풀어가는 과정 속에 성숙을 향하여 가는 여정이 아닌가.

페퍼 스프레이

이것을 항상 손쉽게 꺼낼 수 있는 위치에 소지하고 다니시오. 공격당할 시 윗부분의 잠금장치를 돌리고 스프레이를 여시오. 손가락으로 눌러 한쪽 귀에서 다른 쪽 귀까지 공격자의 눈을 향해 스프레이를 쏘시오.

얼마 전 며느리가 사준 페퍼 스프레이 사용법이다. 팬데믹 동안 특히 뉴욕 지역에서 아시안 혐오 범죄들이 기승을 부리다보니, 조심성 많은 우리 며느님, 호신용 알람도 함께 사주면서, 겉옷 지퍼를 잠그지 말 것까지 당부한다. 누가 뒤에서 잡아당기면 벗어버리고 도망가라고. 아이고, 늘 공원이나 숲을 걸어도 위험하다고 느낀 적 없었는데, 페퍼

말하지 않으면 알 수 없는 것들

스프레이와 알람을 받아 와 쳐다보고 있자니 좀 슬프다. 요즘 2세 아이들이 뉴욕이나 플러싱 갈 때 선글라스, 마스크로 얼굴을 가리고 모자를 눌러쓴다는 이야기도 간혹 들었던 터라 마음이 더 안 좋다.

1982년 4월, 미국 온 지 정확히 일주일 만에 브루클린에서 강도를 당했다. 긴 지하철 복도를 걸어가는데, 갑자기 뒤에서 5~6명의 건장한 흑인 청소년들이 나를 감쌌다. 그 중 한 명이 내 핸드백을 잡아당겼고, 간도 크지, 난 안 뺏기려 안간힘을 썼다. 그때, 애들 중 한 명이 주머니에서 무언가를 꺼내려 하는 게 보였다. 순간, 칼일 수도 있겠다는 생각이 들어, 가방을 얼른 주고 집으로 돌아온 내 얼굴은, 놀라 하얗다 못해 파랬다고. 다행히 아이들은 돈만 꺼내 갔고, 가방과 여권은 어느 집 앞에 쏟아놓고 가 곧 찾을 수 있었다.

불행하게도 이것이 나의 뉴욕 첫인상이어서, 이민 초기에는 흑인 남자만 보면 겁이 났다. 그래서 지하철역을 혼자 들어가지 못하고, 점잖아 보이는 백인 어른을 기다렸다 따라 들어가곤 했었다. 백인은 믿을 만하다고 생각했던 것도 지금 생각해보면 우습다. 당시 그 사건으로 인해 흑인들만 보면 경계심이 발동했던 것은, 지금 보니 나의 지나치고 성급한 일반화였고 투사라는 심리적 현상이었음을 후에 심리학을 공부하면서 알았다.

심리학에서 말하는 방어 기제 중 전치(Displacement)가 있다. 분노와 같은 감정들을, 감정을 유발한 당사자가 아닌 다른 대상에게 표현하는 것이다. 예를 들어 직장에서 상사에게 기분 나쁜 일을 당한 사람이, 집에 와서 아이들이나 배우자에게 화를 내는 것 같은 것이다. 코로나 사태가 일 년을 넘어서면서, 사람들이 분노를 애매한 약자에게 표현하고 있다. 성중독이었다고, 정말 지쳤고(fed up) 아주 힘든 날(a really bad day)을 보내고 있었다고 해서, 지난 3월 16일 애틀랜타에서 열심히 살아가던 아시안 여성 6명 포함, 8명을 총으로 죽인 사건은 납득할 수 없다.

지난주 아주 오랜만에 등산을 갔다. 가족 단위로 사람들이 지나갈 때는 아무렇지 않았다. 그런데 한적한 호숫가에 청소년 몇이 모여 있는 것을 보니, 전에 없던 두려움이 느껴졌다. 페퍼 스프레이를 가지고 왔어야 했나. 여차하면 등산용 지팡이를 호신용으로 사용해야 하나. 아무리 그래도 누군가를 향해 트렉킹 폴을 휘두르는 나의 모습은 상상이 되지 않는다. 다행히도 아이들은 천진하게 우리를 향해 "하이"를 외친다. 속으로 많이 미안했다.

그래도 요즘 같은 땐, 될수록 혼자서는 인적 드문 곳이나 고립된 장소를 피하고, 늘 주변 환경에도 신경 쓰는 것이 필요할 듯 싶다. 이 어이없는 인종 혐오 사태 또한, 지나가리라. 백신 맞고 방역 열심히 하다 보면, 이 봄의 끝자락은 제발 회복이 있는 아름다운 계절들로 이어지기를 기대해본다.

손가락 부러졌냐고

카카오톡 쓰기를 완전히 거부하던 한 남자가 있었으니, 바로 나의 둘째다. 이분, 스마트폰 자체를 거부하다 일 때문에 할 수 없이 쓰고는 있지만, 카톡은 왠지 하기 싫다고 했었다. 이 아들에게서 얼마 전 카톡으로 문자가 왔다. Did it. Finally. 체념한 듯 "헉" 하는 표현의 이모지와 함께 보내온 이 짧은 두 문장. 최근 잉글우드 병원으로 직장을 옮기면서 한인 의사들 네트웍에 조인하느라 할 수 없이 설치했다고 한다. 가족 카톡방이 소원이었던 나는 오우 예이, 신속히 두 아들, 며느리들과 가족 단톡방을 만들고, 아들들에게는 기념으로 "슬기로운 남편 생활"과 "요하" 두 이모티콘 세트를 쏘아 주었다.

말하지 않으면 알 수 없는 것들

언젠가 칼럼으로 쓴 적도 있지만 난 이모티콘을 즐겨 사용한다. 커뮤니케이션에서 7-38-55 법칙이 있다. 대화 시 정작 내용은 7퍼센트에 불과하고, 38퍼센트는 목소리, 절반이 넘는 55퍼센트는 시각적인 보디랭귀지를 통해서 메시지가 전달된다는 법칙이다. 이것이 문자보다는 어조가 전달되는 전화가 낫고, 전화보다는 만나서 상대를 보며 하는 대화가 가장 좋은 이유이다. 하지만 만나기가 쉽지 않고 전화도 방해될까 조심스러우니, 카카오톡 같은 문자 앱을 많이 사용하게 된다. 이럴 때, 문자 내용에 담긴 나의 감정을 보충 설명해 줄 수 있는 것이 바로 이모티콘이다.

지난 토요일 모처럼 한가한 오전을 맞이했다. 카톡 친구 명단을 훑어볼 여유가 다 있었으니. 보다 보니 팬데믹을 겪으면서 만나지 못하고 소식도 잘 전하지 못했던 사람들이 너무 많았다. 하나하나 열어 안부를 묻기 시작했다, 친구들, 제자들, 친척들, 기타 지인들… 어느새 두 시간이 훌쩍 갔다. 겨우 리스트의 삼 분의 일을 커버했을 뿐인데.

오가는 문자를 통해 듣게 되는 소식은 미안함, 기쁨, 감사, 안타까움 등이 되어 돌아온다. 연락 못 드렸던 어르신들이 반가워 하실 때 미안함, 제자들의 결혼과 출산, 취업 소식 들을 때 기쁨, 어려운 일이 있었지만 잘 이겨낸 소식에 감사, 그리고 연락 없는 동안 공황장애, 우울증, 투병, 이혼, 실직, 수술 등 힘든 일을 겪고 있었던 분들에 대한 안타까움까지, 많은 감정이 소용돌이쳤다.

특히 연로하신 분들의 건강하신 소식엔 너무 기뻐, 곧 만나 식사하자고 약속드렸다. 작년 팬데믹 기간에 뉴욕에서 한인 1세로는 거의 최초 교사이셨던 김 선생님께 전화를 드렸었다. 평소 쩽쩽하시던 목소리가 많이 약해져 계셨다. 상황이 좀 좋아지면 뵙고 식사하자고 했었는데 2주 전 부고를 받았다. 이민 초창기 친했던 뉴욕의 한 사모는, 적조하던 중 작년에 암 투병 소식을 들었었다. 한 번 만나야지 벼르다 코로나가 또 심해지는 바람에 못 만났는데, 지난 달 세상을 떠났다. 좀 더 자주 연락하고, 만나고 살 걸, 많은 후회가 밀려왔다.

내가 좋아하는 이모티콘 중에 "손가락 부러졌냐고"라는 것이 있다. 아직 한 번도 써 본 적은 없다. 손가락이 부러진 것도 아닌데 왜 문자를 씹느냐, 아니면 연락을 안 하느냐 이런 이모티콘이다. 이제 백신 2차까지 맞은 사람도 많이

말하지 않으면 알 수 없는 것들

늘어 가면서 만남이 조금씩 쉬워지고 있다. 오늘도 리스트의 나머지 사람들에게 부지런히 안부를 묻는다. 손가락 부러진 것도 아니니까. 연락할까 말까 할 땐 연락하고, 만날까 말까 할 땐 만나려고 노력하는 요즘이다.

Chapter 7

아직도 가야할 길

힘내 가을이다. 사랑해

　　　　　　　평소 존경하던 여의사인 한원
주 박사가 94세로 하나님의 부르심을 받았다. 이분을 처
음 알게 된 것은 2년 전 인간 극장을 통해서였다. 당시 92
세, 국내 최고령 현역 의사로 활동하고 계실 때였다. 1926
년, 대대로 기독교 집안에서 옥고까지 치르신 독립운동가
부모의 삼녀로 태어나신 이분은, 의사인 아버지가 시간 날
때마다 무료 진료 봉사하시는 것을 보며 자랐다. 아버지의
뜻을 따라 의사가 된 이분도 물리학자 남편을 만나 내과를
개업하여 많은 돈을 벌었다. 그러나 뜻하지 않게 52세라는
젊은 나이에 남편을 갑자기 잃게 되는 큰 시련을 만난다.

　그녀의 모든 삶이 무너졌다. 남편의 죽음 앞에서 아무것도 할 수 없는 무력한 자신을 발견했다. 그동안 바빠서 소홀히 했던 신앙생활에 전념하며 멀어졌던 하나님과의 관계를 되찾고 나니, 남은 삶의 지표가 보였다. 의료 봉사였다. '우리들 의원'이라는 의료선교 병원을 설립하여 처음 십 년은 시간제로, 이후 이십 년은 풀타임으로 일하셨다. 개업의 시절 수입, 십분의 일도 안 되는 작은 사례였지만 기쁨은 몇 배였다. 의사, 사업가, 사회복지사, 목사들과 팀이 되어 환자의 전인 치유를 도왔다. 몸의 질병뿐 아니라 정신적 문제도 상담해주고, 원하면 신앙으로 안내하고 최종적으로 취업까지 주선해주는 이 프로그램은 세계의 주목을 받아 독일 어느 단체로부터 3년간 지원을 받기도 했다.

82세에 이 병원을 은퇴한 한원주 박사는, 이제 그만 쉬시라는 자녀들의 만류에도 불구하고, 또 일을 찾았다. 하나님이 주신 의사로서의 기술과 재능을 쓸 수 있을 때까지 쓰고 싶다는 생각에, 이번에는 남양주 '매그너스 요양병원'에서 의사를 모집하는 데 지원했다. 나이 때문에 주저하던 병원 측은, 만나보니 컴퓨터를 자유자재로 쓰며 충분한 실력을 겸비하신 것을 보고 주저 없이 이분을 내과 과장으로

         말하지 않으면 알 수 없는 것들

모셨다. 연령이 걱정되어 의료 공단에서 감사가 나온 적도 있는데, 능숙히 의사로서의 일을 처리하시는 모습에 감탄하고 돌아갔다고 한다. 오히려 한원주 박사 때문에 그 병원 의료 기록에 컴퓨터 시스템을 도입하게 된다.

그 요양병원에서 박사님은 말도 안 되는 작은 사례비에, 병실 하나를 본인의 숙소로 정해 기거하셨다. 주말에는 버스와 기차를 6번 갈아타고 2시간 반 걸려 본인의 아파트로 갔다가 월요일 아침 돌아오셨다. 주말에도 여의사회가 봉사하는 곳에 가서 함께 봉사하고, 배우지 않는 것은 환자들에게 죄를 짓는 것이라고 하시며, 학회와 세미나에도 참석하여 배우기를 계속하셨다. 봉사를 인정받아 '성천상'을 수상하고 받은 1억의 상금도 모두 기부하시고, 평소 사례비도 쪼개어 여러 기관을 후원하며 사셨다.

이분은 사랑으로 병이 나을 수 있다는 지론으로, 돌아가시는 날까지 평생 환자들에게 정성을 다하셨다. 특히 요양병원에서 진료하시던 지난 10여 년간, 함께 노년기를 살아가는 담당 의사로서 환자들에게 많은 위로와 격려가 되었을 것임은 두말할 필요가 없다. 어느 잡지와의 인터뷰에서,

진료하면서 환자들의 이야기를 들어주고, 공감해주고, 그들의 인생으로 들어간다고 이야기하실 때, 이분은 몸만 아니라 정신까지 보듬어주는 진정한 의사이셨다는 생각이 든다.

"지금 돌아보면 남편이 갑작스럽게 세상을 떠난 것이 큰 시련이었지만 사실 그런 일이 없었다면 지금의 저도 없었을 겁니다. 아마 남편과 현실에 안주하면서 여전히 저와 제 가족만을 생각하면 돈 버는 데 급급하며 이기적으로 살았겠죠. 지금까지처럼 봉사하는 삶은 없었을 겁니다. 다 하나님의 섭리죠." 시련이 피워낸 아름다운 꽃의 깊은 향기가 그분의 삶에서 느껴진다.

교사로 살다 65세쯤 은퇴해서, 그때쯤 역시 은퇴할 목사 남편과 함께 세계 여러 곳에서 수고하시는 선교사님들을 방문해서 위로하고 도와드리며 살겠다는 나의 인생 시나리오는, 10년 전 남편이 먼저 하나님 앞으로 갔을 때 다시 쓰여져야 했다. 길을 잃고 우울의 늪에 잠겨있다 찾게 된 심리치료사로서의 제2의 인생, 나는 언제까지 이 일을 할까 하는 질문을 간혹 하던 중, 한원주 박사의 삶은 내게 큰 교훈을 준다. 놀면 뭐 할 것인가? 나도 내가 상담 치료를 할 수 있는 정신력과 신체의 건강이 허락하는 날까지 이 일을 해야겠다는 생각이 들었다.

어린 시절 너무 허약하여 수학여행을 따라가 본 적이 없고 체육 시간에는 앉아서 구경만 해야 했다는 박사님은, 최고령 현역 의사로 일할 만큼 건강의 축복을 받았다. 돌아가시기 3주 전까지도 진료하시다, 노환으로 약 2주 입원하신 후, 본인이 일하시던 요양병원으로 돌아와 일주일 후에 돌아가셨으니. 가시기 사흘 전 자녀들과의 영상 통화에서 박사님은 고요한 표정으로 세 마디를 남겼다고 한다. "힘내, 가을이다, 사랑해." 이 메시지가 참으로 간절한, 암울하기만 한 가을, 박사님의 삶을 돌아본다.

총장님의 후회

    며칠 전 받은, 95세 어른의 후회라는 글의 내용은 이렇다.

  나는 젊었을 때 정말 열심히 일했다. 그 결과 인정받았고 존경받으며 65세 때 당당한 은퇴를 할 수 있었다. 그런 내가 30년 후인 95살 생일 때 얼마나 후회의 눈물을 흘렸는지 모른다. 내 65년의 생애는 자랑스럽고 떳떳했지만, 이후 30년의 삶은 부끄럽고 후회되고 비통한 삶이었다. 퇴직 후, 이제 다 살았다, 남은 인생은 덤이라는 생각으로, 덧없고 희망 없는 삶을 무려 30년이나 살았다. 30년 세월은 지금 내 나이 95세로 보면, 3분의 1에 해당하는 기나긴 시

                                          말하지 않으면 알 수 없는 것들

간이다. 내가 퇴직할 때 앞으로 30년을 더 살 수 있다고 생각했다면 정말 그렇게 살지는 않았을 것이다. 난 지금 95세지만 정신이 또렷하다. 앞으로 10년, 20년을 더 살지도 모른다. 이제라도 나는 하고 싶었던 어학 공부를 시작한다. 그 이유는 단 한 가지, 10년 후 맞이할 나의 105번째 생일날 95살 때 왜 아무것도 시작하지 않았는지 후회하지 않기 위해서다.

글을 쓴 분을 알고 나서 더 놀랐다. '호서대 총장'을 역임하시고 '국민 훈장 모란장'까지 받으신 고 강석규 박사님의 말씀이었기 때문이다. 가난으로 초등학교만 마치고 농사일을 하다, 독학으로 교사가 되고 교수와 총장을 역임하신 도전의 달인 총장님의 후회였기에 더 안타까웠다.

평생 집배원으로 가족을 부양하다 은퇴한 노인이 친구 장례식에 참석한다. 못 온 친구가 꽤 된다. 아파서, 혹 안 아픈 친구는 손주들 보고 있고, 이미 세상을 떠난 친구도 있다. 어쩌다 보니 칠십이더라고 한탄하는 친구들, 사실 이날은 노인의 생일이기도 하다. 생일파티에서 촛불 불기 전 소원을 말하라는 자녀들, 뭔가 말하려는 노인을 아내가 가로막는다. 아휴, 이 나이에 우리가 무슨 소원이 따로 있겠니, 그저 너희들 건강하고 잘되면 됐지. 하지만 사실 이 노인에게는 꿈이 있었다는 것을.

얼마 후, 배를 띄워 바다로 나가보는 평생 꿈을 못 이루고, 작은 종이배 하나 접어 바다로 날린 후 요양원에서 쓸쓸히 자살하는 친구의 죽음 앞에서, 노인은 결심 한다. 이제라도 하고 싶은 일을 하겠다고. 그래서 노인은 발레를 배운다.

최근에 우연히 보게 된 〈나빌레라〉라는 드라마다. 불륜, 범죄, 출생의 비밀, 재벌가 이런 거 1도 안 나오는, 내가 좋아하는 휴먼드라마가 되지 않을까 싶다.

그리고 실제로는 76세이신 박인환 배우님의 발레 연기 도전에도 박수를 보낸다.

어쩌다 보면 육십이 되고 칠십, 팔십이 된다. 은퇴 후 시간은 생각보다 길다. 95세에 후회하지 않으려면 지금부터 준비해야 한다. 사, 오십 대 친구들에게 이 글을 보냈다. 답이 오기 시작한다. 이제부터라도 하고 싶던 상담 공부를 해야겠어요, 특수교육 보조 교사 일을 준비해야겠어요, 그림을 다시 그려야겠어요, 마라톤에 도전할래요, 영어를 더 배워야겠어요…중년들의 용감한 도전에 박수를 보냈다.

참, 박수 보낼 또 한 분은, 이 글을 보내신 강성일 선교사님이다. 아마존보다 더한 오지, 브라질 북동부 떼레지나에서 평생 선교하시고, 신학교를 설립해 브라질 최고 신학교 중 하나로 성장시킨 이분, 글쎄 73세인 요즘 또 뭔가를 하고 싶어 하신다. 신학교 부설 선교사 양성 프로그램을 하고 싶어 아주 용을 쓰신다. 이제 그만 하고 쉬시라고 구박을 했었다. 내게 왜 이 글을 보내셨는지 알 것 같다. 네~~~ 선교사님, 또 하나의 도전을 응원하겠습니다!

백 년을 살아보니

      약 일 년 전, 연세대 철학과 교수 출신 김형석 박사님 삶의 이야기 『백 년을 살아보니』를 방송에서 보게 되었다. 이 제목은 박사님이 97세에 출판하신 책 타이틀이기도 하다. 이 책 이후에도 98세, 99세 되시던 해 계속 『100세 철학자의 인생, 희망 이야기』와 『100세 철학자의 철학, 사랑 이야기』 책을 출판하셨다. 1920년 출생이시니 올해로 꼭 만 100세가 되신다. 한국에서 자라면서 박사님의 『고독이라는 병』 그리고 『영원과 사랑의 대화』 등 철학 에세이에 심취했던 기억이 난다.

    박사님은 20여 년 아픈 아내를 간호하시고 혼자되신 후에도, 규칙적으로 건강한 세 끼 식사하시고 수영을 다니시

말하지 않으면 알 수 없는 것들

며 건강을 관리하신 덕에, 지금도 전국을 다니시며 강연을 매년 150회 이상 하신다. 박사님의 인터뷰를 보다가 뜻밖의 답을 듣게 되었다. 백 년을 사시는 중 가장 좋았던 나이가 언제였느냐는 질문이었다. 75세였다는 말씀에 정말 깜짝 놀랐다. 육십이 되면서, 불과 몇 달 사이 백배는 무겁게 느껴지는 내 나이에 매우 놀라던 중이었다. 그런데 60에서 75 사이가 가장 좋았고, 가장 좋았던 나이는 75세이셨다는 말에, 갑자기 마음이 새털처럼 가벼워졌다. 와우, 인생은 정말 60부터인가!

사실, '켄터키 프라이드치킨' 창립자 커넬 샌더스 대령은 65세에 그만의 닭튀김 방식을 개발했다고 한다. 이후 1009번의 거절 끝에 1010번째 찾아간 수 천Km 떨어진 유타주 한 식당과 첫 체인점을 맺은 것이 그의 나이 68세였다. 맥아더 장군은 70세에 인천 상륙작전을 지휘했고, 프랭크 로이드 라이트는 80세에 뉴욕 구겐하임 미술관 설계를 완성했다. 하이든, 헨델 등이 불후의 명곡을 작곡한 시기도 70세 이후이고 베르디는 80이 넘어서도 왕성한 작곡 활동을 계속했다. 괴테의 유명한 "파우스트"도 82

세에 완성되었고 피카소는 92세 숨을 거둘 때까지 그림을 그렸다고 한다.

미켈란젤로는 또 어떤가. 그는 70세에 로마 성 베드로 대성당의 돔을 완성하고 71살에 성 피터 성당의 대표 건축가가 된다. 77세에 새로운 피에타상 조각을 시작한다. 이후 89세 나이로 숨을 거두기 사흘 전까지 시력은 약하나 촉각에 의지해 작업을 계속했다고 한다. 유언이 "이제야 조각을 조금 알 것 같은데 죽어야 한다니"였다고. 첼로의 성자, 스페인 태생의 파블로 카살스 또한, 95세 나이에도 매일 바흐의 무반주 첼로 모음곡을 연습했다. 이미 세상에서 가장 위대한 첼리스트인데도 고령에 하루 6시간씩 첼로를 연습하는 이유가 무엇인지 묻는 기자에게 그는 머뭇거림 없이 대답했다지 않는가. 왜냐하면 자신의 연주 실력이 아직도 조금씩 향상되고 있기 때문이라고.

미국의 '선샤인'이라는 월간지의 통계에 의하면, 역사상 최대 업적의 35퍼센트는 육십에서 칠십 사이, 23퍼센트는 칠십에서 팔십 사이, 8퍼센트는 팔십 이상의 나이를 가진 사람들에 의해서 성취되었다고 한다. 더해보면 세계 역사 상 위대한 업적의 무려 64퍼센트가 이렇게 60세 이상 사람 들에 의해 만들어졌다는 사실을, 이 6학년 0반 학생이 잠 깐 잊고 있었나 보다.

김형석 박사님은 인생을 굵직하게 3개로 나눈다. 30세 이전, 30세에서 60세, 그리고 60세 이후이다. 시기마다 추 구해야 할 가치가 다른데, 서른 살까지는 "인생의 근간이 되는 뿌리를 만드는 시기"라고 하신다. 이 시기에 "앞으로 얼마나 성장할 수 있는가의 가능성"이 결정되기에 무조건 많이 배우고 "평생 어떤 인생을 살고 어떤 직업을 가질 것 인지 계획을 세워야 하는 시기"라는 것이다. 그리고 30에 서 60세까지는 일하며 일에 대한 가치관을 확립하고 그 과 정을 통해 인간관계를 배우는 시기이다.

박사님의 표현으로 "인생의 노른자"에 해당하는 시기는 바로 60세 이후이다. 친구들과 살면서 가장 행복한 때가 언제였느냐를 이야기하다가 60에서 75살이라는 데에 의 견이 일치하셨다고 한다. 육십쯤 되어야 "철이 들고 내가 나를 믿게 된다. 75살까지는 점점 성장하는 것도 가능하고, 이후로도 노력 여하에 따라 본인의 성취를 유지할 수 있다"라는 것이다. 다만 환갑 이후에도 계속 성장하려면 계속 일을 하고 책을 많이 읽으라고 하신다.

갑자기 젊음을 선물 받은 듯 신이 난다. 에고, 나도 환갑이네. 교직에서도 은퇴했고 사회보장 연금은 조기에 받아야 하나 67세까지 기다려 받아야 하나. 지금 하는 상담 일은 언제부터 얼마나 줄여가야 하나. 이런 안일한 계산을 요즘 종종 하고 있다가, 갑자기 정신이 확 난다. 내 인생의 노른자는 이제부터 시작인데! 온몸에 기운이 솟구치면서, 머릿속이 바빠지는 즐거운 아침이다.

말하지 않으면 알 수 없는 것들

차사순 할머니

전북 완주군에 사시는 차사순 할머니는 새벽 4~5시면 일어나 나물과 야채를 캐서 낮에 '중앙시장'에서 행상을 하셨다. 그런데 이분이 현대자동차 모델을 하시고, 그 해의 광고 모델상까지 받으셨다. 그뿐인가. 국내 TV는 물론 '뉴욕타임스'에도 소개되고, 시카고 '트리뷴지' 사설에는 자녀에게 끈기를 가르칠 훌륭한 롤모델로 묘사되었다. 초등학교 졸업이 전부인 차 할머니, 경찰청에서 강의까지 하셨다!

차 할머니는 어려운 가정 사정으로 학교를 많이 못 다녔지만, 교육의 열정을 멈출 수가 없었다. 이남 이녀를 키우느라 공부는 엄두도 못 내다, 오십 대 초반 드디어 배움을 향해 용기를 냈다. 그래서 96년, 3년 동안 13번의 도전 끝에 미용사 자격증을 땄으나, 나이 탓인지 받아주는 곳이 없었다. 패션학원, 간호학원도 다니셨다.

육십 대 중반, 차 할머니에게 새로운 도전이 생겼다. 평생소원이었던 운전을 하는 것이었다. 2005년 4월 13일 첫 필기시험을 봤다. 3년 야학 후 14살에 편입해 17살에 졸업한 초등학교가 유일한 학력인 할머니에게, 필기시험이 얼마나 어려웠을까. 15점에서 시작해 점수는 조금씩 올랐지만, 합격점 60에는 이르지 못했다. 문제가 계속 바뀌고 나중에는 시험이 컴퓨터로 바뀌어 더 애를 먹었다. 장사하는 사이 틈틈이 그리고 집에 와서 하루 세 번씩은 문제집을 통독했다. 주말과 공휴일을 제외한 거의 매일 버스를 두 번이나 갈아타고 면허시험장에 가서 시험을 치렀다. 하루의 절반이 그렇게 갔다. 남는 시간에는 시장에서 호박, 쑥 등을 팔아 잘 팔면 만원을 벌었다.

차 할머니, 필기시험에 949번을 떨어지고 950번째 붙으셨다. 기네스북에 올라갈 만한 숫자다. 그리고 실기시험 10번 시도 끝에 드디어 운전면허를 따셨다. 5년이 걸렸다. 학원비와 차비, 인지대 등을 계산하면 2,880만 원이 들었다고 한다. "반듯이 합격!!"이라고 써 붙여 놓고, 저녁마다 연필 끝에 침을 묻혀가며 너덜너덜해진 문제집을 공부하고, 선풍기 살을 운전대 삼아 연습하신 할머니는, 마침내 69세에 "반듯하게" 본인의 힘으로 면허를 취득하셨다.

할머니에게 운전은, 바로 살아가게 하는 꿈이고 희망이었으리라. 운전해서 장사도 하고, 아들딸 집도 가고, 손주들 데리고 동물원도 가고 싶다는 소박한 꿈을 향해 할머니는 포기하지 않았다. 그래서 949번을 떨어졌어도 하나도 힘들지 않았다는 차 할머니, 다음으로 손주들에게 직접 빵을 구워줄 수 있도록 제빵 제과 기술을 배우고 싶다고 하셨다는데, 지금쯤 그 싱글벙글한 얼굴로 빵을 굽고 계실까.

20~30년 준비해 30~40년을 일한다고 해도, 은퇴 후 또 30~40년으로 평균 수명이 길어진 시대를 살고 있다. 일한 시기만큼이나 길어진 인생 후반기를 살아가는 롤모델로 차사순 할머니가 최고다. 건강하고 여건만 허락한다면, 인생 후반기는 계속 배우고 성장할 수 있는 황금기이기 때문이다. 도전하는 인생은 젊고 아름답다. 내 나이가 어때서? 도전하기 딱 좋은 나이인데! 차 할머니는 아마 이렇게 노래하셨으리라.

차를 선물 받은 후, 사람은 다치지 않았지만 일 년 4번의 사고를 내 운전을 잠시 쉬어야 했으면 어떤가. 큰길에서 너무 천천히 가다 불안해 집으로 돌아와야 했으면 어떤가. 마실보다 공부가 더 재미있다는 차 할머님, 자율주행 차를 타고, 그 어렵게 딴 면허를 즐겁고 편안하게 사용하실 수 있는 날이 빨리 왔으면 좋겠다.

은순할매는 중학생

　　20년 넘게 평범한 사람들의 살아가는 이야기를 소개하는 "인간극장"이, 이번에는 81세 나이로 중학교 1학년에 재학 중인 박은순 할머니의 이야기를 다루었다. 얼마 전에는, 5년간 무려 960번 도전 끝에 운전면허를 취득한 전북에 사시는 차사순 할머니가 나를 놀라게 하더니, 이번에는 중딩 할머니가 나타나셨다.

　　여자가 무슨 공부냐며 학교 문턱도 밟아보지 못한 할머니는, 학교 가는 또래들 책가방 속 필통의 달그락 소리를 들으며 그들이 한없이 부러웠다. 하루는 오빠 책을 몰래 펼쳐보다 호된 야단을 맞았다. 22세에 결혼, 사 남매를 잘

키워낸 할머니의 평생소원은 글 한 번 읽어보는 것이었다. 살다 보니, 배운 길쌈과 농사일보다 글 읽고 쓰는 게 더 필요한 일이었다. 아들이 마을 초등학교에 어머니의 입학을 부탁드려 열심히 국어 과목에 집중하며 학교에 다니던 중, 늘 격려해주고 사랑해주던 남편이 세상을 떠났다. 그래도 학교 다니느라 슬픔을 잘 이겨내고 초등학교 졸업장을 받은 어머니에게, 자녀들이 이번에는 중학교 진학을 권했다. 마침 학생 수가 많이 감소한 마을 중학교에서도 환영이었다. 그렇게 은순 할머니는 81세에 중딩이 되었다.

이 중학교 1학년은 전체가 열 한 명이다. 초딩 때부터 같이한 어린 친구들은 열심히 할머니 동급생을 거둔다. 다음 시간을 안내해 드리고, 탁구도 가르쳐 드리고, 체험 학습 가서 한 조가 되어 캠핑도 한다. 선생님들은 할머니 수준에 맞도록 유행가 가사로 된 특별 교재도 만드는 등, 열심히 한글을 가르쳐 드린다. 그 결과, 할머니는 마침내 꿈에도 그리던 자식들에게 편지를 쓰고 감격의 눈물을 흘린다. 보청기 없이는 잘 안 들리고 눈도 침침한 은순 할머니의 다음 목표는 영어다. 알파벳부터 시작이다!

이전부터 나는 조부모 세대와 아이들 세대 간의 어떤 공동체를 생각해왔다. 예를 들어 보육원 아이들과 양로원 혹의 경로당 노인들이 서로 삶을 나눌 때 상호 간에 엄청난 사랑의 에너지, 긍정의 에너지가 발생할 것 같았기 때문이다. 이번에 은순 할머니와 13살 동급생들의 학교 생활을 보면서, 이런 에너지가 느껴졌다. 이 할머니 동급생은 아이들에게 일생 얼마나 훌륭한 롤 모델로 기억될 것인가. 인생 교훈을 나누는 시간, 은순 할머니는 "뭐든지 때가 있다."라는 글에 모종 그림을 곁들여, 당신의 손주들보다도 어린 동급생들에게 배움에도 때가 있으니 지금 열심히 공부하라고 말씀하신다. 하지만 은순 할머니는 사실 배움에는 때가 없다는, 언제든 시작할 수 있다는 것을 보여주신다.

내 외할아버지는 서당 훈장이셨다. 그런데도 여자라고 엄마를 학교에 보내지 않고 글을 안 가르치셨다. 유독 영특하셨던 엄마는 혼자서 한글뿐 아니라 한자까지 다 익히신 '사자성어'의 달인이셨다. 이년 전 94세로 돌아가실 때까지도 도서관에서 빌려다 드린 책들, 특히 역사 서적들을 즐겨 읽으시고, 영어 원드 써치 책을 펴놓고 줄을 그으며 늘 단어 찾기를 하셨다. 일제 강점기에는, 일본어를 혼자 익혀 초등학교 나온 척 무난히 인터뷰를 통과해 일본 회사에 취직도 하셨다. '엄마가 한국 학력 위조 원조네'라고 하며 엄마와 난 많이 웃었었다. 엄마도 한국에 사셨으면 학교에 보내드렸을 텐데. 중학교 교복을 입고 A, B, C, D, E, F, G…를 노래하시는 은순 할머니의 얼굴에 엄마의 얼굴이 겹쳐진다. 엄마가 많이 그립다

인생 이모작

　　다시는 여름에 한국 나갈 일이 없을 줄 알았다. 그런데 8월 초 잠깐 다녀올 일이 생겼다. 폭염주의보와 태풍주의보가 동시에 내려지던 날, 한국에 도착했다. 공항에서 바로 울릉도/독도 여행을 위해 탄 강릉행 버스 안에서 태풍 '프란시스코' 때문에 여행이 취소되었음을 들었다. 강릉에 도착하여, 이틀 후 출발하는 일정으로 바꾸어 놓고 함께 간 친구 언니가 사시는 홍천으로 향했다.

　　교직에 계시던 친구 언니 부부는 몇 년 전부터 강원도 홍천군에 땅을 사서 농사를 지으신다. 요즘은 양봉까지 시작하셨다. 연두색, 초콜릿색 알을 낳는 닭들, 각종 베리와 과일나무, 양파, 고구마 등등 온갖 야채를 유기농으로 재배하신다. 나같은 도시의 여자에게 창문 밖 닭이 방금 낳은 달걀과 마당 한쪽에서 붕붕 대는 벌들에게서 나온 꿀, 그리고 직접 담근 과일잼과 함께 한 아침 식사는 환상이었다. 가족, 친지들과 나누다 너무 많아 요즘은 주말 시장에도 납품하신다. 주민들을 도와 정부 보조금을 받아 마을 회관도 지으셨다. 겨울에 양봉 등 공부할 것이 많다고 벌써 학구열에 불타 있으시다. 한 가지 일만 하며 일생을 마치기엔 인생이 너무 길어졌다고들 한다. 그래서 나온 말이 "인생 이모작"이다. 인생 후반전에 또 다른 인생을 산다는 것이다. 이런 면에서 친구 언니 부부는 농부로서의 인생 이모작을 재미있게 살고 계셨다.

다음 날, 인근 공작산 자락에 있는 수타사 생태숲 산책하러 갔다. 나보다 약간 나이 들어 보이는 어느 남자분이 안내해주겠다고 오신다. 요즘 시니어 재취업 사업 중 하나로 인기라는 '숲 해설가'이셨다. 우리끼리 걸었으면 그냥 지나쳤을 수많은 나무에 얽힌 역사적인 사연과 유래들, 치열하게 삶을 지켜내는 나무 하나하나의 이야기들이 얼마나 의미 있었는지 모른다. 그분의 해설이 있었기에 그 숲에서 참 행복할 수 있었다. 그분도 숲 해설가로서 자신의 인생 이모작을 매우 즐기고 계신 듯했다.

이틀 후, 강릉 안목항으로부터 망망대해 세 시간 뱃길 후에 위용을 드러낸 울릉도는 정말 신비하고 아름다웠다. 특히 '내수전' 전망대에서 내려다본 울릉도 해안선은, 슈가로프에서 내려다본 세계 삼대 미항 리우데자네이루의 해안선과도 너무나 닮아 있었다. 깎아지른 듯한 바위산으로 이루어진 울릉도에서, 인생 이모작을 사시는 또 한 분의 시니어를 만났다. 그건 너, 바로 너를 부른 가수 이장희 씨였다.

장발의 청년은 어디 가고, 이제는 머리가 다 벗어진 70대 초반의 이장희 씨는, 그림 같은 울릉도의 자연 속에 울릉 천국이라는 집과 공연장을 짓고 인생 후반전을 살고 계셨다. 노장의 가수가 부르는 "나 그대에게 모두 드리리"를 바로 앞에 앉아서 듣는 기분이라니. 70년대 기타를 쳐주던 친구 두 명과 여전히 함께였다. 그 중 베이스 기타를 치는 분은 울릉도 초등학교에서 아이들에게 방과 후 기타를 가르치신다고 한다. 함께 나이 들어가는 70대 초반 세 친구의 이모작이 매우 신선하고 흥미로웠다.

독도는 울릉도에서 또 한 시간 반 뱃길이었다. 날씨가 좋아 운좋게 접안할 수 있었다. 다가가는 배를 거수경례로 맞아주는 독도 지킴이 해경들을 보니 왜 그리 마음이 뭉클하던지. 배에서 사가지고 내린 맛동산 한 박스를 전달하며 고마움을 표현하는 것으로 울릉도, 독도 여행을 마쳤다.

이번 여행의 마지막 목적지 강진에서 만난 이 언니는 강진군이 주관하는 "푸소(전라도 사투리로 풀라는 뜻)"라는 프로그램에 참여하고 계시다. 영어로는 FUSO, 즉 필링 업 스트레스 아웃이라는 참으로 귀여운 영어 표현인데, 강진군이 정부로부터 위임받은 공무원이나 교사 연수생들의 농촌 체험과 숙박을 제공하는 펜션을 운영하는 것이다. 평생 친구의 미용사이셨던 이 언니는 마침내 고향에 집을 짓고 귀향을 했으나, 의지하던 남동생을 잃고 심한 우울증에 실어증까지 겪으셨다. 그러나 몇 년 전부터 이 프로그램에 참여하면서 다시 사람들을 만나고 어울리시게 되었다. 이 전라도 욕쟁이 언니는, 이제는 녹차밭으로 둘러싸인 예쁜 집에서 이웃과 더불어 인생 이모작을 신나게 짓고 계시다.

이번 뜻밖의 한국 여행은 인생 이모작에 대한 생각을 많이 하게 만들었다. 우리가 최소한 10년 후의 삶을 계획하면서 살아야 하지 않을까 하는 생각이 들었다. 나를 포함한 베이비부머들이 60, 70대에 진입하고 있다. 은퇴 나이가 훨씬 되기 전부터 은퇴 이후의 삶에 대한 준비가 이루어져야 한다는 생각이 든다. 'RE TIRE'란 말처럼 은퇴 후 어떤 타이어로 갈아 끼우고 인생 이모작을 살아갈 건지 그 내용이, 오늘 우리의 준비에 달렸다는 생각이 든다. 늘 가슴 한 켠에 접어두었던 "진짜"하고 싶은 일을 허락된 여건 안에서 마음껏 즐기며 살아내는, 우리 모두의 멋진 후반전을 기원해본다.

사랑이 있는 고생이 행복이었다

얼마 전, 김형석 박사님에 관해 쓴 적이 있다. 때는 바야흐로 내 나이 육십, 육학년의 무게를 천근같이 느끼고 있었다. 이제부터 내 인생은 내리막길? 하며 머리를 쥐어뜯고 있을 때, "백 세를 살고 보니"라는 책을 막 발간하신 박사님 이야기는 신선한 충격이었다. 더군다나 인생 황금기가 60부터 75세였다니, 그리고 가장 행복했던 나이는 75세였다니, 나는 깜짝 놀랐었다. 그럼 이제 나 막 황금기에 들어선 거임? 베스트 시절은 아직도 오고 있는 중인 거임? 완전 힘이 나고 신이 났었던 기억이 있다.

작년에 102세가 2세로 밖에 입력이 안되어 비행기 표 끊는 데 애를 먹으셨다는, 현재 103세 박사님의 건강 비결은 내가 보기에 규칙적이고 이타적인 생활이다.

　박사님이 규칙적으로 하시는 것 중 하나는 식사다. 특히 영양도 좋고 준비해주시는 분 편하게, 늘 같은 것을 드신다는 박사님의 아침 식단을 따라, 나도 오늘 색 색깔 야채와 과일, 삶은 계란을 준비했다. 박사님 늘 드시는 감자 대신 난 혈당 조절을 위해 구운 고구마를, 따로 마시기 죽기보다 싫은 우유는 커피에 들어부었다. 매일 아침 일곱 시 반에 교실 문을 열다가 은퇴 후 가장 행복한 것이 여유로운 아침이다. 박사님 닮은 아침 식단을 앞에 놓고, 뿌듯한 마음으로 박사님 최근 활동 영상을 보았다.

　박사님은 지금도 규칙적으로 운동을 하신다. 코로나 전에는 수영을 하셨는데 요새는 뒷산을 산책하신다. 예수님이 물 위로 걸으신 것보다 본인이 두 발로 걷는 게 기적이라는 내 칠팔십 대 지인들을 생각하면, 100세 넘어도 산을 오르시는 박사님 건강은 정말 부럽다. 물과는 안 친한 나도, 두 발로 걷는 기적은 평생 누리고 싶어 요즘 열심히 걷고 또 걷는다.

박사님은 또 매일 일기와 원고지 30쪽 정도의 글을 쓰신다. 거의 기억상실 수준인 기억력 보충을 위해 가끔 기록하는 나와 달리, 박사님은 일기를 매일 쓰신다. 반성할 거 1도 없으실 거 같은 박사님이, 훗날의 반성과 성찰을 위해 일기를 쓰신단다. 닮고 싶은 마음에 어제 오늘 착하게 일기를 열심히 썼다. 이 마음이 오래 가기만을 바랄 뿐이다, 흑흑.

박사님은 늘 일을 사랑하셨고, 지금도 활발하게 저술과 강연을 하신다. 황금기를 살아가는 나와 내 육칠십 대 친구들도, 경제 활동이든 봉사든 오래오래 할 일이 있으면 좋겠다. 나도 상담과 북클럽을 할 수 있는 한 오래 하고 싶다. 요즘 북클럽 회원들에게 아주 애원을 한다. 책장 넘길 힘만 있으면 같이 책을 읽자고. 자녀가 성인이 돼가는 사오십 대 친구들도, 늦게까지 할 수 있는 자신만의 일을 꼭 준비하면 좋겠다. 누구나 다른 사람보다 잘하는 일이 한 가지는 있다고 하니.

박사님이 을왕리 집필실에 가셨다. 통유리로 된 창 너머 펼쳐지는 바다, 아, 이 집필실, 완전 내 스타일! 바다 위로 지는 아름다운 노을을 바라보며, 박사님은 '사랑이 있는 고생이 행복이었다.' 라는 말로 103세 인생을 회고하신다. 캬아! 그렇지 이게 바로 행복이지. 나의 삶도, 힘든 누군가가 사랑으로 한 내 수고로 인해 행복해졌던 기억들로 가득 찰 수만 있다면! 이런 의미에서, 오늘 추위와 오미크론이 위협하지만 사랑 고생 하나 예약했다. 사랑으로 하는 수고는 고생이 아니라 행복임을 아는 내 가슴은 이미 기대로 두근댄다.

사랑 고생 행복 전문가, 김형석 박사님의 2023년 6월 강연 약속도 꼭 지켜지길 기도한다.

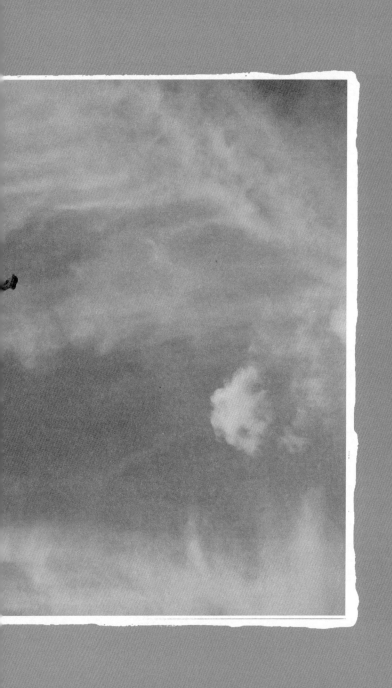

1985년, 뉴욕/뉴저지 최초 한인 교사 중 하나로 일할 때 처음 신문에 칼럼을 쓰게 되었다. 당시 담당 기자님이 끈질기게 나를 들볶으셔서, 매주 미국 학교에 아이들을 보내는 한인 부모님들이 꼭 알아야 할 이야기들, 자녀 교육에 관해 하고 싶은 이야기들을 많이 나누었다. 그러다 그 기자님이 다른 곳으로 옮기시고 나도 힘든 일이 생기면서 한동안 기고를 중단했었다.

5년 전부터, 다시 독자들과 소통하고 싶은 욕망이 슬슬 일어나기 시작했다. 생각해보면 내 안에는 늘 말하고 싶어 꿈틀대는 이야기들이 있었던 것 같다. 이 이야기들을, 이 생각들을, 말하지 않고 나 혼자만 가지고 있는 게 너무 아쉬워, 다시 칼럼을 시작했다. 그때는 심리치료사로 제2의 인생을 살 때라 주로 정신건강, 회복탄력성, 감사의 자세, 소통의 중요성 같은 주제로 글을 썼다. 요즘 새로운 모임에 가면, 신문에서 글 잘 읽고 있다면서 좋은 글이 도움이 된다는 말을 종종 듣는다. 아, 역시 생각을 말하기를 잘했다. 소통하기를 잘했다는 생각이 든다. 그래서 바쁜 생활이지만 청소년이나, 학부모 대상으로 한 여러 세미나 부탁도 거절하지 않았다. 살면서 말하지 않으면 알 수 없는 것들이 너무 많기에, 아니 대부분이기에, 나는 늘 말하고 소통하는 것에 전력을 다해왔던 것 같다.

얼마 전, 『SAT수학용어사전』 출판으로 인연을 맺은 〈자유로운 상상 출판사〉에서 나의 칼럼들을 책으로 만들자고 했을 때 많이 주저가 되었다. 그러나 너무도 따뜻하고 좋은 글들이라 꼭 사람들에게 읽게 하고 싶다는 말에 용기를 얻었고, 한국에 인지도가 있는 사람도 아닌데 믿어주신 출판사에 감사했다.

이 책의 수익금 전액은 남편 생전에 함께 계획했던, 〈Love and Compassion〉 (시편103:4) 펀드에 기증할 것이다. 한국의 미혼모, 미혼부를 지원하는 〈러브더월드〉 단체와,

이곳의 무료 정신건강 상담이 필요한 분들을 위해 우선 사용할 생각으로, 부끄러운 글들을 세상에 내보낸다.

소망이 있다면 이 책을 통해, 독자들이 좀 더 마음을 나누고 소통하는, 예쁜 대화의 달인이 되었으면 좋겠다. 그리고 책에서 전하고자 하는 메세지들을 통해, 새해에는 독자들이 어떤 상황에서도 다시 일어나는 법을 배웠으면 좋겠다. 또한 긍정과 감사로 시작되는 옷을 입고 하루하루를 선물같이 살아가는 삶의 열매들이 여기저기 맺어지기를 간절한 마음으로 기도한다.

뉴저지 팰리세이드 팍에서

김선주

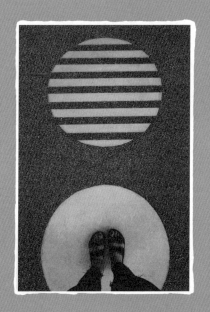